Ka-Ka: 華禍

The Eight Perils from China

中國蝕虐全球的八大災難

Ko Bunyu

黃文雄の本

- ●中華基本教義 ●軍國殖民滲透 ●流民難民亂竄
- ●仿冒品、黑心貨氾濫 ●瘟疫、污染大輸出

洪平河 | 譯

序

最近，中國的「和平崛起」論也正在向日本推銷，而起來響應、並隨之起舞的中國問題專家、中國觀察家和記者相當多。

所謂和平崛起，就如同「和平」的字義一樣，不是以暴力或武力，而是以和平的手段，來讓中國抬頭並站在世界前端（崛起），也絕對不是像美國那種的「獨霸」（霸權主義、Pax Americana）。

到目前為止，尤其是文革結束後，從過去的自力更生急速轉變成改革開放路線的中國，標榜著社會主義市場經濟來向全世界招手，一面推銷著「二十一世紀是中國人的時代」論、「大中華經濟共榮圈」論、「最大且最後的巨大市場」和「世界的生產工場」，一面煞有其事的傳達「日本將被中國吞食」論，在世界各國的中國論上澆水、讓它的花朵綻放。

不過，對最近的和平崛起論，擔任中國教條宣傳的日本代言人姑且不論，一般都會覺得格格不入。

之所以感到格格不入，主要是因爲中國在東西冷戰結束之後還繼續擴張軍備、並以武力來對外恫嚇。

如果沒有軍事擴張和恫嚇的話、或者是說中國如果慢慢的採取和緩措施的話，那麼，和平崛起論在某種程度上就擁有現實性和可能性，或許就會有值得相信的地方也說不定。不過今天，它已在現實上讓人有越來越強的不信任感。

當然，雖說和平，但和平的方式是有很多種的，有「統治的和平」、「被統治的和平」、「權力平衡（Balance of Power）的和平」，也有像日本戰後的「空想式和佛家式的和平主義」。如果中國的和平崛起是要以大和平中國（Pax Sinica）來取代大和平美國（Pax Americana）的架構的話，那麼，從任何人的觀點來看，也都只不過夢中夢罷了。之所以做這種夢，當然，主要原因是那裏面有他們想要的中國夢（China Dream）。

不過，我們卻不能把它當作是單純的夢而一笑置之，在這裏想要提醒的是，在這個和平崛起論的背後到底有什麼東西？然後是，到底有什麼中國的事情被隱瞞起來？

的確，在江澤民時代的10幾年間，以軍事擴張來恫喝、或以愛國主義和民族主義的教育來實踐反日仇日的政策，幾乎都做得太過於露骨，因此，一五一十看到的是：野心勃勃的想要掌控世界的中華帝國的復活。而第四代領導人胡錦濤和溫家寶上台之後，雖然說有必要淡化軍事擴張和恫喝的色彩、以轉換形象，但是，這些都只是表面上的事情、不是嗎？乍見之下，都會認為多多少少有野心潛藏在裏面，不過，其本質是決不會改變的。

那麼，在和平崛起論之中，到底有怎樣的深層事情存在呢？這裏面，決不會只有單一的事情。在這裏，只有一件事情必須要指出來，那就是，中國威脅論不僅和軍事方面有關、還和所有層面上的現實問題有所糾葛，就因為如此，所以，就有必要對和平崛起論來進行推銷、不是嗎？

那麼，所謂「中國威脅論的現實問題」究竟是什

麼東西呢？當然，誠如前面所說，中國並不是在展開所謂「世界的工場」、「最大的市場」、「日本最後會被中國吞食」、「日本經濟是中國的十分之一」等等的中國經濟威脅論，而是今天的日本幾乎還沒有提及的「華禍」、用一句話直截了當來講就是這樣。由於中國的威脅是包含軍事性威脅在內的複合式威脅，因此，我把它統稱為「華禍」。

從日本的開國維新起，全球、特別是歐美國家，就開始高唱「黃禍論」，尤其是在日清和日俄戰爭的時候達到頂峰。為了對抗「黃禍論」，日本提出了「白禍論」。對於「黃禍」只是一個幻想、而「白禍」卻是白色人種殖民地統治的實際禍害的見解，本人也能夠理解。然後，處在冷戰已經結束的二十一世紀的今天，不管是過去的「黃禍」、或「新黃禍」、抑或是「白禍」，當然都已成為過去的東西了；而曾經風靡一時，以「世界革命、人類解放」作為目標、把世界版圖一分為二的「紅禍」，到今天也成為一種幻想，即將成為過去的東西。

相對於此，既非幻想、亦非杞人憂天，而是最實際的威脅的、非「華禍」莫屬。

說到「華禍」，或許會讓人覺得是非常反中國的一種誹謗也說不定，對這一點，我不得不說這是無知在作祟。

　　「華禍」決不是那種慢慢的悄悄接近的中國威脅，在實際上，不僅是在日本，而且也已經給全世界帶來全球性的危機，而這種情況之所以還未映入每個人的眼簾，主要是因為吾人或媒體本身把自己的眼睛遮蓋起來，不想去凝視這個事實。本來，我是用不著事先在這裏敲鐘警告的。

　　那麼，「華禍」到底會蔓延到世界什麼地方？會對文明、以至於人類的生存造成何種威脅？有關這些問題，在本書之中，將會透過以下的八個章節，把正在腐蝕全球的「華禍」的威脅和可怕之處說個明白：

　　　「華禍」比「黃禍」更可怕
　　　中華主義比基本教義派更可怕
　　　以難民和殖民來持續擴張的中華帝國
　　　中國的「和平滲透力」很快就會淹沒全世界
　　　遍佈全球的中國難民的暴力犯罪

威脅全球經濟的仿冒品與偽中國

侵襲全世界的中國本土性瘟疫與環境污染

朝軍國主義狂奔的中國

以上，就是嚴重威脅人類的具體內容，看這些內容，我想也可以瞭解到突襲日本以至全球、且正在擴散中的「華禍」的威脅已經超過了過去個別性的中國威脅論，並對現實生活上造成很多問題，其嚴重性正在逐日深化中。

如果本書能夠喚起台灣有識之士的諸位的關注，實為萬幸。

黃文雄

2004年8月

目次

序

過去和現在都是匪賊國家的中國

在日本列島囂張跋扈的中國罪犯

也會讓西伯利亞冰原溶解的中國國際盲流

中國新娘遠嫁非洲大陸的盤算

中國盲流每年超過100萬人侵襲歐美國家

橫行於歐洲的中國暴力犯罪份子

拉丁美洲是中國人的新偷渡樂園

華禍正在引導世界進入黑暗時期

第六章　威脅全球經濟的仿冒品與偽中國

「在中國，不會說謊的人只有騙子。」

中國人的歷史捏造就和它的歷史一樣的久遠

把敵對者都當成仿冒品來看待的互不信任關係

恐怖到連醫生和藥房都在強迫推銷偽藥

不用驚訝什麼時候會橫死！有毒食品在中國的實際狀況

被東方神秘醫學操縱並深受其害的日本人

仿冒品所造成的損失如同暴風雨般地襲擊全球

有良心的人孤立於中國社會的歷史背景

中國夢(China Dream)的謊言讓自家人出現中毒現象

被中國言論統制的日本

日本會被中國的謊言操弄到什麼時候

中國的威脅不在經濟、而是在沒完沒了的軍事擴張

「中國的核武是和平用途」的詭辯與恫嚇效果

把台灣視為「神聖的固有領土」的妄想

軍國主義的魯莽行事是社會主義制度崩潰的潛在因素

軍國主義是讓中華帝國於對立與抗爭中生存下來的宿命

二十一世紀的最大威脅是中國永無止境的領土擴張

日本的前衛文化人可能會是華禍的引路人

第一章

「華禍」比「黃禍」更可怖

從東方來的「黃禍」自紀元前就開始威脅著西方

　　黃禍（Yellow Peril），是說黃色人種興起之後給白色人種帶來了災禍史實、或是讓歐洲人感受到心理威脅的意思，它的歷史可追溯到很早之前，像第四世紀向西侵略並於第五世紀消滅西羅馬帝國的匈奴民族，或是於第十三世紀建立世界帝國的蒙古人，抑或是橫跨第十四世紀和第十五世紀的鄂圖曼帝國的土耳其人等等，都是可以讓人立刻浮上腦海的東方民族侵略歐洲的歷史。

　　但其實，黃色人種對歐洲的威脅並不是從這個時候才開始的，它早在有史之前就已經存在，也就是說，東西對抗的事實早已綿延了數千年之久，例如，紀元前十三世紀時，定居在今天黎巴嫩海岸附近的腓尼基人，就曾經為了奪取金屬、鑽石和農作物而侵入黑海、大西洋，以至於印度洋等地區；又例如，在紀元前十一世紀時，後來成為印度和歐洲語系的發祥地的波斯帝國，也不斷的和希臘人發生戰爭，所以，才有所謂紀元前五世紀的「東西方歷史大戰」的波斯戰爭出現。就像這樣，東方不斷給

西方施加恐怖感的史實，順理成章的成爲之後的黃禍論的立論基礎。

而且，進入中世紀之後，原本處於劣勢的西方卻突然出現了十一世紀末的「十字軍東征」，十字軍的東征除了對東方撒拉遜人（Saracen）所謂「世界史上的威脅」的侵犯展開反擊外，另一方面也在建構以天主教做爲軸心的歐洲文化圈的龐大勢力。而十字軍東征的結果，雖然讓中世紀的體制產生了變化，但是，東方的威脅卻是繼續存在著，也就是說，伊斯蘭教的文明發展仍然對中世紀的歐洲帶來很大的威脅。

其實，這種東方的威脅並不只限於地中海世界、西歐和東歐等地區，中世紀的斯拉夫也有數百年的歷史是由蒙古人來擔任君主的，所以，才會有「剝下俄羅斯人的一張皮後，蹦出來的是韃靼人」的俗話存在，這裏所說的韃靼人，係指組成蒙古帝國的東方各民族的所有後裔而言。由於俄羅斯人是斯拉夫民族之中的主角，因此，這個俗話也成爲招住斯拉夫人脖子的「韃靼的桎梏」，讓斯拉夫人也感受到黃禍論所帶來的影響。

在諸如此類的東西方對立與對抗的歷史背景之中，從日耳曼人、拉丁人，以至斯拉夫人，過去的「黃禍」的可怕歷史記憶，或許已經深深地被植入在每一位歐洲人的DNA之中。

進入近代之後，這道既深且廣的西歐歷史記憶，又被日本重新喚醒過來。明明只不過是「東方蕞爾小國」的日本，卻在明治維新之後獲得了驚人的成長，而且，又在中日甲午戰爭、義和團事件和日俄戰爭之中獲得全盤的勝利，沒錯，這個新興的民主國家的確給白人世界帶來很大的震撼，因為，他們害怕以日本為中心的亞洲龐大勢力形成之後，會再度對西方造成可怕的威脅。

如上所述，近代的「黃禍論」就在東方過去數千年來對西方的威脅、再加上日本興起之後可能帶來的恐怖感之下產生。而在提倡這種「黃禍論」的人物之中，比較為大家所熟悉的人物有三，一是以無政府主義者聞名的巴枯寧(Bakunin)、一是第一次世界大戰導火線的德國皇帝威廉(Wilhelm)二世。

另外一位是以主張排日而聞名的美國報業鉅子威廉藍道夫赫斯特(William Randolph Hearst)，

這位以「最大的黃禍論者」自稱的赫斯特，在第一次世界大戰時，曾經創作了一張美國和德國互毆、日本卻站在背後一副想刺殺美國的漫畫，同時，他也製作了一部日本征服美國的電影。當然，更早之前的拿破崙（Napoleon Bonaparte），大家也知道他曾經談到過黃禍。

今天，一般人所知道的「黃禍論」，是指這種進入近代之後的產物而言，也就是說，近代的「黃禍論」已經將「日本」納入了「黃禍」的範圍之內，和在紀元前開始的長期東西方對抗的歷史之中、未將日本包含在內者不同。

偏偏，中國似乎對日本懷有歷史怨恨，竟然也在這個時候，把十三～十六世紀活躍於中國和朝鮮海上與沿岸地區的倭寇的帳都算在日本頭上，但其實，比起倭寇的威脅，東胡、匈奴和鮮卑等北方鐵騎民族的威脅還要來得更大，倭寇頂多只不過像明朝的「南倭北虜」的一小部分而已，也就是說，中國大陸內部的事端遠遠凌駕於倭寇之上；更何況，日本人的倭寇也只出現在初期階段而已，以後起來反抗明朝實施海禁的人，實際上大部分都是中國和朝

鮮的商人。

日本的興起煽動了近代黃禍論

那麼，所謂近代的「黃禍論」到底是什麼樣的東西？就如前面說過的，在近代史中，最早提出「黃禍論」的人是巴枯寧（1814～1876），他是一位俄羅斯的革命家，也是於第一共產國際（First International）時和馬克思對立的無政府主義者。

乍看之下，巴枯寧似乎和黃禍論扯不上任何關係，但其實，他在1849年因指揮Dresden暴動而被逮捕並遣送回俄羅斯之後，即於1857年被流放到西伯利亞，不過，他卻在1861年逃入中國，然後又於明治初期經過日本而流亡至美國，因為如此，所以日本橫濱市內的旅館也就留有巴枯寧的投宿記錄。巴枯寧雖然在中國和日本只稍作停留，但是他卻提出了這樣的警告：「日本和中國一心想要學習西歐的文明，如果雙方在40或50年之後聯合起來的話，則屆時擁有現代武器的5億人口或許會襲擊歐洲也說不定，如果不幸而言中的話，則黃色蠻族就會像浪潮般的四處氾濫，屆時，歐洲即使想要防堵也沒

有辦法。」巴枯寧的呼籲是，歐洲應該設法提出防患於未然的辦法。

當然，設法讓日本和中國這兩個民族發生爭吵，應該也是可以防止黃禍的對策之一。這也就是歐美對東方所採取的基本政策，想不到巴枯寧的憂心竟然讓歐美國家獲得了這樣的啟示。

日本從幕府的末期開始，就一心一意向著西洋化和現代化的道路摸索前進，直到開國維新之後，日本突然跳出了摸索期，快速的進入發展階段。看到日本這種發展態勢，也難怪會讓俄羅斯人的巴枯寧想起「剝下俄羅斯人的外衣後就是韃靼人」的這個「韃靼的桎梏」。

至於另一方面的中國，巴枯寧也感受到中國龐大的人口威脅：「龐大的人口必須要找到出口宣洩的管道，中國因不停的內戰而擁有了一群精力充沛且好戰的份子。」他這樣斷言之後、接著又警告：「中國人的原始野蠻、無人道觀念和不愛好自由的奴隸性格，如果和歐洲最新的文明成果與規律結合的話，則將會對歐美造成威脅。」

就在巴枯寧所預言並警告的「40～50年」還沒有

走完之前，日本在中日甲午戰爭中獲得了勝利，雖然這項勝利大大的刺激了西方人的黃禍論，但是，在這個時間點上，黃禍論還沒有進展到未來的預測領域，而是一直到1900年的義和團之亂（八國聯軍攻北京事變）時，西方的危機意識才直接且實際的被煽動起來。

首先，在中國的義和團秘密組織之中，雖然初期所揭櫫的口號是「劫富濟貧」和「反清復明」，但是經過中日甲午戰爭之後，卻變了調，變成「扶清滅洋」。據說光是在北京，義和團的團員就超過了20萬人，因此，不難想像當時對西方人的威脅有多大，更何況在義和團之亂中，有很多居住在北京的外國人都遭到暴力相向，甚至連外國大使館的限制地區也遭到包圍。

另一方面，當時的日本則與德國、法國、英國、蘇俄、美國、義大利、奧地利並列為八強之一，成為所謂和「白人」聯合的「黃人」，並共同對抗同是「黃人」的中國。不過，西歐國家雖然和同是聯軍一員的日本並肩作戰，但不難想像他們對這個唯一的亞洲國家的日本是有威脅感存在的。

事實上，在中日甲午戰爭之後，俄羅斯、德國和法國就立刻藉著黃禍論的名義，要求日本放棄馬關條約中所取得的遼東半島，也就是所謂的「三國干涉」的正當化。而且，當時未參與盛會的英國，也有一篇由大使館的書記官所留下來的記載：「日本兵的勇敢和大膽令人驚訝，稱得上是聯軍中最出類拔萃的軍隊。」雖然是一種讚美，但也是一項容易和黃禍論扯上關係的論調。

再說，日本只不過經過數十年的開國維新，就可以在日俄戰爭之中取得勝利，這種結果更加速了黃禍論的發展。日本的這般強勢，更讓當時在西歐國家殖民地之下的亞洲民族也受到鼓舞，變成了不單純是日本一個國家對西歐國家所展示的「強勢」威脅，因此，西歐國家開始出現了夢魘，擔心好不容易到手的西方勝利或許又要被弄翻了也說不定。

日本的興起，無疑是對正在生柴起火的近代黃禍論丟下了一顆助燃劑。

俄羅斯皇帝也搭上了德國皇帝的黃禍論列車

黃禍論非常氣派且精神抖擻地登上歷史舞台的

時間，是在中日甲午戰爭末期的1895年的春天，這完全是以兩撇翹鬍子而聞名的德國皇帝威廉二世登高一呼的結果。

他提出來的論點，除了一面要喚起蒙古軍隊和鄂圖曼帝國軍隊侵略歐洲的歷史記憶之外，一面也要對黃色人種的興起可能會危及歐洲文明甚至於基督教文化的存亡這件事來向歐洲國家發出警告；另外，他也從地理學的觀點，向俄羅斯強調它在防止黃禍上擔任前衛任務的重要性，並表示德國願意提供各種支援，以促成俄羅斯成為防止黃禍向西方入侵的前衛城堡。

因此，德國皇帝當時將親自描繪的著名「黃禍之圖」，贈送給他的表兄弟沙皇尼古拉二世，積極的煽動蘇俄揮軍南進。

其實，並不是只有德國皇帝威廉二世一個人高唱黃禍論而已，當時一批標榜泛日耳曼主義、批評威廉帝國的社會民主黨人也是黃禍論的擁護者。

譬如，他們的理論指導家除了認為黃禍是資本主義的產物之外，也不否定黃禍的存在，像社會民主黨黨魁斐貝魯就說：「蘊藏在中國地下的龐大資

源是很可怕的，如果德國的資金進入中國、並帶動中國產業發展的話，則將會威脅到德國的國內產業和德國勞工的生活。」馬克思主義理論家的梅林古也說：「在資本主義的生產方法之下，白人所創造出來的環境讓黃禍得以滋生，如果資本主義以這種情勢佔有中國市場的話，則新蒙古人的侵犯將會因『苦力的侵入』而發生。」在他們的共產國際(International)之中，「東方」並不被包括在內。

而讓這種異口同聲的黃禍論變成一個大合唱的時間，則是在日俄戰爭的時候，因為，這個時候的俄羅斯竟然出乎全世界意料之外地被日本打敗了，堂堂的一個內陸大帝國沒想到竟然被東海的一個蕞爾小國擊敗，這是近代史上白人第一次嘗到的敗績。如同前面所述，這個大衝擊除了讓歐美各界的領導人、學者以至於一般的民眾嘗到黃禍的可怕外，同時也讓在俄羅斯帝國和其他白人殖民地底下的各民族受到很大的鼓舞，對白人世界造成更多的威脅。

這時候，由於東亞大陸也有可能變成日本化、並帶來威脅，因此，包括澳洲和美國在內，許多國

家都開始制定排日和排華的移民政策來排斥黃色人種。

黃禍論的預言大都是以恐日和侮日的言論做為基礎，這種言論不只可以從美國報業鉅子赫斯特的身上看到，像日俄戰爭之後的1909年所寫、以《無知的勇氣》一書而受到日本注意的作者Homer Lee，他也斷言「頑固的日本人」是和美國勢不兩立的人種，更預言說：「如果美日開戰的話，則夏威夷或許會在24小時內看到美軍被消滅的情況。」「而馬尼拉將在3星期內不得不向日軍投降。」他也同時警告說，這些事實將會在30～40年後來臨，基於這種推論，他主張美國應該加強軍事力量。

日俄戰爭之後的黃禍論，大致上都是這樣預言的，也就是說，黃白兩色人種的戰爭將會以太平洋地區為主。而實際上，也正如預言一樣，在太平洋的海面上發生了人類史上的最大海戰——美日戰爭。

「黃禍」是夢魘，「白禍」則是事實

相對於「黃禍論」，也有「白禍論」的出現，這個

針對黃禍論的反擊理論是以日本為中心所發展出來的主張。

不過，如果說黃禍論是現實上並不存在的妄想論、只是對黃色人種感到威脅所產生的理論的話，那麼，白禍論就是大航海時代之後、西方勢力進入東方的全球性「白人的殖民地化」的一種現實上的威脅。換言之，「黃禍論」是幻想論和妄想論，而「白禍論」則是實在論。

因此，森鷗外才會說：「我們只知道世界有白禍，不知道有黃禍。」而東洋史的大師、桑原隲藏也說：「澳洲有白禍存在，但沒有黃禍。」歐美政治觀察家小寺謙吉也有同樣的想法，他說：「黃禍是夢魘，白禍則已是事實。」接著，以雄辯而聞名的政治家永井柳太郎也指出：「世界上如果有侵略人種的話，則非白種人莫屬。」

當然，「侵略」這種行為並不侷限於白人或黃人身上，在人類史上，文明世界或帝國都在進行這種行為，換句話說，這是一種超越民族和超越人種的行為。歷史上，曾經讓歐洲陷入恐怖狀態的匈奴王Attila、蒙古人和鄂圖曼土耳其人，都是不折不扣

被認為是對歐洲造成威脅的黃禍。

但是反過來講，白人在大航海時代之後所進行的全球性征服和殖民地化等行為又該怎麼解釋？從十九世紀之前起，迄二十世紀中葉殖民地帝國崩潰為止，這段期間的「威脅」應該不能只當作幻想吧！這是相當「確實存在」的「白禍」，對這樣的指責，白人本身應該不會想要反駁，反而是會贊同這個「確實存在」的事實，並頗有同感吧。

當然，在白禍論背後是有很多相關言論存在的，例如，樽井藤吉於1893年所寫、主張日本和朝鮮兩國統一的「大東合邦論」；孫文於1925年在神戶演說中提到的「大亞洲主義」，也指出東亞三國黃色人種所具備的同文同種和同洲同俗的臍帶關係，提醒日本人到底「想要成為西洋霸道的鷹犬（走狗）？或是要當東洋王道的干城（守護者）？」而岡倉天心也在「一個亞洲」之下，向「亞洲的兄弟姊姊們」大聲訴求：「歐洲的光榮乃是亞洲的屈辱。」的確，在白人優越主義的跋扈時代、和東亞殖民地化的列強時代之中，這些言論也具有弱肉強食的危機感。

雖然江戶末期的尊皇攘夷論也是實質的白禍

論，但是隨著日俄戰爭之後的黃禍論的流行，「白禍vs黃禍」的論調才又開始升高；之後，在「基督教vs異教徒的人種衝突」的預言之下，「白禍vs黃禍」的本質竟成為未來戰爭的流行故事。所以，在第二次世界大戰之前，石原莞爾呼籲「以日本為軸心的東洋和以美國為軸心的西洋的最後決戰」，即是在這種黃白對決的時代潮流中所孕育出來的「最後戰爭論」，認為在最後決戰之後，「世界將被統一而沒有戰爭」。

儘管如此，相對於美國強烈的反日情緒，日本全國倒是相當的冷靜。而西歐在這種黃白對決之中，由於對日本的恐懼感，因此在擬定的「以黃制黃」的戰略之中，選擇了中國來做為棋子，也就是說，選擇中國來牽制日本，可以說是西歐在黃禍論之下的歷史性產物。

支持中華革命的Homer Lee，在1900年代的初期就曾經說過：「對安格魯撒克遜民族來講，最重要的是，應先和中國結盟，以準備將來和日本發生戰爭時之用。」

中國人很喜歡拿破崙的「睡獅」論

那麼，被視爲「棋子」的中國，從歐美的角度來看，究竟是怎樣的一個國家呢？

「中國一旦甦醒過來的話，世界就會震動。」拿破崙曾經這樣警告，也就是所謂的「睡獅」論，而中國人也以拿破崙的這句話爲傲。中國人的這種驕傲，到底是來自何處呢？坦白說，無非是來自於中華思想。

1911年的辛亥革命之後，是「中國醒過來了」這種聲音最鼎沸的時期，不過，無論怎麼看都不像是醒過來的獅子，不僅軍閥割據，國民黨內亂和國共內戰的殺戮場面，還接二連三不斷地發生，其結果是，到頭來當不成「睡獅」，還被全世界揶揄爲「只會睡覺的豬」。

拿破崙之所以說這樣的一句話，其實並不是在他最巔峰的時期所講的，反而是在他被打敗之後、被禁閉在Saint Helena的1816年時說出來的，當時在這個島上照顧拿破崙的Lond Amhenst先生，不是別人，正是以拒絕向清朝皇帝行三跪九叩之禮，而在抵達北京當日即被驅逐出境而聞名的硬漢。

拿破崙和Amhenst談天時，偶而會談到中國的事，因此，拿破崙才感嘆說：「中國一旦甦醒過來的話，世界就會震動。」其實，拿破崙並不真正瞭解中國，他對中國的瞭解只是從《馬可波羅東遊記》上面獲得，對「東方的巨人」只不過是一知半解。說到馬可波羅，大家都知道，他是代表英國國王喬治三世來謁見乾隆皇帝的人，而《馬可波羅東遊記》這本書，則是由馬可波羅乘坐的「獅子丸」的機關長Andersan於1795年所出版的作品。順便一提的是，在將近200年後的1978年，這本書又被加以編排和注釋之後重新出版。

　　所以，事實是，所謂「睡獅」乃是後人作比喻時所添加的話，拿破崙只是說：「中國一旦甦醒過來的話，世界就會震動。」而明明只是這樣的一句話，到後來卻被流傳成各式各樣的「睡獅論」。當然，拿破崙雖然對中國不甚瞭解，但是，他還是具有蒙古人和土耳其人等黃色人種威脅歐洲的歷史知識，因此，靠著這些歷史知識，再加上從Amhenst口中所獲得的資料後，才會有這樣的感嘆出現。

　　若從這種觀點來看，那麼，德國皇帝威廉二世

雖然承認自己是黃禍論者，但是比起他來，拿破崙似乎可以說是提倡黃禍論的老前輩。

然而，中國人卻非常喜歡這個睡獅論，經常不斷加以引用並繼續流傳下來。對這種狀況，魯迅倒挖苦這些「英雄們」，說他們耳朵一聽到外國人說中國是睡獅就高興得不得了，自以為已經成為歐洲的主人了。

「全世界都是中國人囊中物」的可怕天下觀

今天，中國的領土已經擴張到明朝時代(約日本10倍的360萬平方公里)的三倍左右，長城以外的內蒙古、新疆維吾爾和青康藏高原(西藏高原)都被包括在內，龐大的領土超過了中國的傳統領地。

即使如此，中國人還是對今天的領土極度不滿意，這種不滿意的情緒，就曾經出現在「兩個中國」的歷史教科書的補助教材之中，代表性的作品有毛澤東自己編纂的《中國歷史地理小史》、和蔣介石(陶希聖執筆)的《蘇俄在中國》。

本人記得，在高中時代時，軍訓教官曾經打開《蘇俄在中國》的地圖，然後口沫橫飛地強調中國

的廣大固有領土。那麼，究竟中國所主張、心中所期盼的固有領土到底要擴大到什麼地方才算呢？

長城外的蒙古人和滿州人曾經征服中國，建立了元朝和清朝，如果依照中國人的主張的話，則蒙古人和滿州人也是中國人，也就是說，都是中華民族當中的一個種族，因此，大蒙古帝國和大清帝國曾經征服的領土、或最鼎盛時期的領土，應該可以被解釋爲就是中國全部的固有領土。各位讀者或許會覺得好笑，不過，本人絕不是誇大其詞，因爲，這是本人實際在學校所受到的教育。

可是，縱使說「旣然承認征服和統治中國的王朝是正統王國，那麼，其最鼎盛時期所征服的領土當然就是中國的全部固有領土」，或許稍微有一點點的道理，但中國卻還是不以此爲滿足，竟然把領土範圍延伸到曾經派遣使節向中國歷代王朝進貢的國家，尤其是清朝時代的那些朝拜國家，中國也都把它們想成是自己的領土。甚至於連中國的古典書籍上曾經出現過的地名，中國在缺乏充分證據之下，也要憑著想像來主張是屬於中國的固有領土，像西伯利亞這個地方就是。也因爲這個緣故，所以

中國才會和印度、蘇俄和越南等周邊國家發生毫無止境的國境糾紛，據統計，中國在朝鮮戰爭之後的半世紀中，和周邊國家發生的戰爭總共有18次之多。

對中國這種沒有道理的固有領土的主張，蘇聯的總理赫魯雪夫就曾經提出以下的警告：

「萬里長城是中國人有史以來自己決定的最北方國界。」「如果還是根據古代的神話繼續進行沒有道理的領土主張的話，則等於是在做戰爭宣言。」

中國之所以持續進行這種沒有道理的固有領土的主張，主要原因是，這個國家沒有做為現代民主國家的國家觀念、沒有現代國際法的認知，還只是擁有過去的傳統性天下觀，也就是說，中國人還擁有「普天之下皆王土」和「世界全部都是中國人所有」的傳統天下國家觀。

戰前，東洋史學家的京大教授矢野仁一，就曾經想透過「中國非國論」和「無國境論」，來釐清這種與現代民主國家完全背離的超主觀性國家觀。根據他的結論，這種國家觀念是完全不可被世界所接受的非常識國家觀。

關於這種中國非國論的想法，英國的史學家湯恩比（Arnold Joseph Toynbee）也有同樣的見解。湯恩比認為中國是多民族、多人種、多語言和多文化的「巨型多民族社會」，在中國人的意識之中，與其說是擁有單一的國家觀念，不如說「其本身就是一個世界」。

因此，湯恩比接著指出，中國人對現代化的國家、國民和國境的意識相當淡薄，所以，不管是北極圈也好、赤道之下也好，只要是可以定居、一屁股坐下來的地方，都是自己的家。

因為，中國人的想法是，馬上可以居住落戶的地方，不管是什麼地方，住久了就會習慣，也會變成自己的東西！

中國不斷要求日本「向侵略謝罪」的真正理由

進入1990年代之後，中國斷然實施的近代民族主義和愛國主義，被認為是為了繼續維護社會主義制度而不得不採取的最後防禦措施。其實，這是為了要維持共產黨一黨體制，也就是無產階級獨裁而不得不採取的孤注一擲的政策，因為，在文化大革

命之後，社會主義的意識形態(Ideologie)已出現了「信念上的危機」，尤其是，在1989年的六四天安門事件之後產生了「體制上的危機」。

而之所以出現上述的危機，其原因是政治腐敗每年都不斷發生，例如1989年時，因扯上腐敗關係而遭到逮捕的人數就達到4萬人；今天，高級黨官的總貪污金額，已經佔每年GDP的四分之一，像是進入了癌症末期一樣。

另外，自二世紀末期出現東漢黃巾之亂後，中國開始進入了政治變動期，秘密結社和宗教結社的情況變得更稀鬆平常，即使是在改革開放的時期，連「法輪功」這種「氣功團體」也可以登上舞台，相信很多人對突如其來的一萬會員出現在中南海靜坐抗議的消息還記憶猶新吧！

一般認為，中國的民族主義是在二十世紀初期產生的，因為，中國人傳統上具有強烈的天下思想，所以，與其說中國人是宗教、語言或血緣的種族集團，倒不如說是文化的集團。而民族主義或民族這種概念，既然是拜現代資本主義的發達之賜而出現的歷史產物，那麼，中華民族主義之確立以至

於被意識化，想來就和資本主義的發達如出一轍。

如此這般，二十世紀初期產生的中華民族主義，已經有一百年左右的歷史，其間雖然被當作愛國主義（Nationalism）運動來推動，但是自進入90年代之後，卻又被冠上「大」字來進行更大規模的發展。然而，從一百年來的運動內容，或是從中國人本身對一百年來還必須大聲宣傳的感受來看時，也很清楚地知道目前還是不成熟的。

從即使經過了一百年、今天卻還是要發揚「大中華民族主義」的樣子來看，也可以瞭解到，要創造出中華民族這種民族是多麼的困難，它的原因雖然相當複雜，但畢竟也有不合理的地方存在。當然，現代民主國家的形成時間落後、資本主義也始終未發達等等的原因也都被考慮到了，不過，社會主義革命卻是最大的原因，因為，社會主義革命的大目標是「世界革命、解放人類、消滅國家」，換言之，就是反國家主義、反民族主義的國家否定運動。的確，即使說社會主義是在「否定國家」，但也和無政府主義（Anarchism）是有所不同的，不過，世界主義（Cosmopolitan）的性質卻沒有改變，社會

主義的理念是和民族主義對立的。

因此，中華人民共和國成立當時，在憲法上明白記載著既反對大漢民族主義、亦反對地方民族主義(主要是指蒙古、維吾爾和西藏等之民族主義而言)。

但是，建設社會主義的路線失敗了，尤其是在文化大革命之中受到很大的創傷。因此，在路線上做了180度的修正，也就是說，必須要進行改革開放。而雖然標榜著世界革命，但革命輸入的「世界」，卻正是中國大爲否定的資本主義的世界，所以，其結果將會是，如果想讓自己朝著這個方向進行改革開放的話，則國內必然會出現資本主義化的這種自我矛盾現象。

而且，所謂改革開放係指眞正地把國家開放做爲目標的政策而言。80年代的中國，雖然以國際化，亦即全球化爲目標，努力以赴地想營造出世界主義的社會，但是，1989年的六四天安門事件卻讓它受到挫折，扼殺了中國國內冀求民主主義的聲音，同時，中國對全球各地的責難築起了一道防波堤，而爲了延長江澤民政權之後的第三代革命政

權，更不得不斷然實施「愛國主義和大中華民族主義」，來取代社會主義的意識形態。

在這種情況下，中國深深相信自己就是睡獅，讓中國就是世界的這種中華思想大剌剌地鋪陳在面前。而所謂「曾經被侵略的憤怒」，其實是中國政府所採取的反手策略，也就是說，原本具有掌控世界力量的中國，利用民眾對「失敗」的焦躁情緒，讓這種情緒集中在民族主義上，以建立「過去的侵略是由日本所造成」的印象，並想在政治上穩住優勢地位。

為什麼到處散播「日本軍國主義復活」的謊言

從六四天安門事件之後，中國就再度提出「日本軍國主義將復活」的警告，而且，蘇聯和東歐的社會主義出現全球性的崩潰之後，這種聲音突然急速地高昂起來，好像日本的軍國主義已經復活一樣。這種高音階的宣傳，不只針對資訊管制下的中國國內，還由江澤民親自向美國的國民提出訴求，擴及到美國的大眾媒體。

不過，即使中國的國家領導階層對「日本軍國

主義將復活」如何地騷動，也幾乎都是沒有實際意義的，充其量只不過是像那位大叫著「狼來了」的放羊小孩一樣而已。因此，韓國前總統金大中訪問中國時，江澤民主席雖然提出日本軍國主義將復活的訴求，但卻連即使是同樣反日國家的金大中也無法和中國同調。

本人曾經在文革時期中的60年代後期的幾年內，於大學的研究所中擔任「人民日報」的內容分析工作。當時，「日本軍國主義」的確是隨著文革的浪潮躍然紙上，不過最後卻也隨著文革結束而消聲匿跡。那麼，為什麼在90年代之後，「日本軍國主義將復活」竟然又在全世界變得那樣危言聳聽呢？

答案是，只要或多或少具有中國的歷史、文化和兵法知識的人，就應當可以立刻瞭解它的道理，用一句話來講，那就是「做賊喊捉賊」。

所謂中國的制度，實際上就是皇帝制度，也就是「軍國主義」這種東西。對中國來講，歷史上的改朝換代，都是靠著「馬背上取天下」而來。因此，不管是那一種體制，以軍國主義來建立國家乃是中國的國家原理，絕不是統帥權云云的問題，說得極端

一點的話，那就像明太祖廢除宰相制度一樣，皇帝才是指揮六軍的統帥。

今天的中華人民共和國，即使有黨、國務院、人民代表大會和政治協商會議等各式各樣的政府機構，但是，大家也都知道黨的軍事委員會主席才是最有實力的人物。因此，毛澤東和鄧小平臨死之前，都還不願意放棄這個職位，即使是依照約束而放棄黨主席的江澤民，也不願意把這個黨軍事委員會主席的位子讓給胡錦濤，因爲，毛澤東、鄧小平和江澤民都要當「皇帝」。

所以，可以斷言的是，中國正在按照江澤民的軍國主義路線前進，海外的民主運動人士也是這樣批評的，且已呼籲要由人民和國際來做裁判。

那麼，目前中國正在抬頭的軍國主義將會發展到何種程度呢？有關這一點，首先最明顯的是中國的軍事擴張，也就是說，冷戰結束後原本應該縮減的軍事預算卻反而增加，光就2004年度來看，軍事預算就比前一年增加13.5%，佔GDP的比例也提高到1.8%，但據一般的看法，實際的數字應該是中國所公佈的3倍左右，亦即接近5%；其次是，核子

火箭的開發、海上霸權的發展、航空母艦的建造計劃、自地理性國界防禦進化到戰略性國界防禦，以及三次元太空戰略的構想等等，都是中國持續進行軍事擴張、強化對周邊國家武力恫嚇的明證。

此外，從改革開放後的富國強兵路線來看時，也可以明確知道中國有野心從亞洲霸權的建立，提升到對抗美國的世界霸權的建立。

誠如前面所述，中國對目前的領土極度不滿意。因此，自人民共和國建國以來，不僅對以軍事力量佔領西藏這件事感到意猶未盡，甚至還和印度、蘇聯、越南等國家不斷發生邊境糾紛。對中國而言，爲了要取回十九世紀之前的中華帝國的版圖，軍國主義是絕對不可欠缺的。

當然，向全世界造謠日本軍國主義將復活的目的，也有讓中國的這種軍國主義路線正當化的理由存在。因此，只要不隨著「日本軍國主義將復活」這句話起舞，並詳細觀察中國的實際動作，那麼，就應該可以瞭解中國的眞正目的吧！

以支配世界爲目標的中國式愛國主義

不消說，中國的軍國主義是靠愛國主義（Nationalism）來支持的，而為了要讓愛國主義在國內蔓延，大肆進行「日本軍國主義將復活」的宣傳是非常有效的方法。

在愛國主義之中，除了有中國人的大中華思想和自卑感（Complex）外，更殘留著曾經要「解放人類」的這種口號的渣滓。當中國提到「中國被日本侵略」的過去歷史時，並不是單純地在表達「不容許帝國主義的侵略」的這種正義思想，因為，做為世界之首的中國，被日本這種夷狄小國侵略，也就是「被打敗」的經驗，是無法忍受的。

其實，中國建國之後的「解放人類」的口號，最後目的是要讓中國從資本主義走向無產階級獨裁、甚至社會主義和共產主義的社會，並在愛國主義的基礎之下，透過這些革命理論來掌控全世界。然而，在社會主義的全球性解體和改革開放路線的矛盾之下，總體的情勢為之一變，因此，中國在夢想破碎的今天，也只好向全世界宣告「日本軍國主義將復活」，幻想著重新取得歷史的主導地位。

更甚者，對具有強烈願望想要比日本站在更有

利地位的中國來講，叫喊「日本軍國主義將復活」正是對「日本不反省過去的侵略行為」提供了最好的強辯材料，中國可以利用這個最好的材料，來達到比日本站在更有利政治位置的目的。對中國人而言，反手打出這個傷害本身自尊心的「侵略」的歷史認識之後，除了可以鼓舞「強大中國」的愛國主義外，也可以產生一些反射作用。

有關這方面的最佳寫照，可以從中國人爭取2008年奧運舉辦權的反應看出來，很碰巧這一年的奧運候選地點是北京和大阪，也就是中國和日本的奧運之爭。本來，奧運舉辦地點的提名並不是以國家、而是以都市為主，所以，在日本人的意識之中，這是大阪市民高度關心的事情，而且連大阪市民也有很多人不認為這是「國家的大問題」。

然而，就在2002年投票決定由北京來舉辦時，江澤民等領導階層都出席了中國的慶祝大會，並於會中發言說「中國的國力被世界所承認」、「中國的國力勝過日本」，宛如是「戰勝國」的情緒。當時，網際網路上的網站也陸續有很多的意見出現，據說數量達到上千件，內容不僅是「萬歲」而已，還有

「打倒日本帝國主義」、「中華民族超越倭寇」、「把日本劃爲倭族自治區，讓他們記住中國人的恩惠」等等字眼。

其實，日本在40年前就已經舉辦過奧運會，所以，如果按照中國的邏輯的話，則中國「落後日本40年」是很自然的想法。可見，把這種自卑感轉化成「打倒日本帝國主義」的優越意識的把戲，在此表露無遺，也可以看到它的精彩演出。

中國人不僅不承認「落後」，而且也不承認錯誤，即使要求日本向「過去的歷史」謝罪，但卻對中越糾紛等之歷史從不回顧；而不管從中國非法偷渡進來的人在日本犯下什麼罪行，中國也絕對不會道歉，但是，對像日本觀光客在珠海買春的事件，中國卻有明顯的表示、並做了讓全世界覺得掃興的過度反應。

從黃禍到華禍，人類的禍害尚未結束

黃禍論因很多東西方的書籍、論述和演說而比較被大家所知道，至於在戰後因日本的興起而出現的「新黃禍論」，則是因爲日本的經濟大國化才引起

大家的注意，不過，最近這兩者的聲音已完全平息了。

另一方面的白禍論，則基本上是為了對抗黃禍論，而以日本為中心所發展出來的反擊理論，不過，這個理論也隨著大東亞戰爭的結束而消聲匿跡。

其實，自二十世紀初期的俄羅斯革命之後起，迄第二次世界大戰結束為止，在這段期間內，日本的最大煩惱是蘇聯的威脅，日本的軍事和外交幾乎都被「紅禍」的威脅弄得暈頭轉向，這種事實也可以從中日共同防共政策之中的各種具體性軍事與外交行動上看出來。當然，所謂「紅禍」，係指共產主義（＝紅）的威脅而言。

眾所周知，不只是對外的軍事和外交，連國內的政治或社會思想，尤其是在大正時期的民主運動興起之後，日本都被無政府主義、社會主義和共產主義的運動搞得無所適從。

不僅是戰前如此，戰後的日本也一樣受到中蘇的「世界革命、解放人類」的威脅，以及國內的「革命勢力」、「市民運動」和「和平運動」等否定國家的

各種勢力的逼迫，因此，日本的戰後史在內外交迫之下，可說是多采多姿。然而，卻有很多的日本知識份子，在沒有詳細瞭解中蘇等共產主義國家的實際狀況之下，就把世界革命和解放人類當作「理想」（烏托邦）來看待。

進入90年代之後，冷戰終於結束了，堪稱是二十世紀人類最大的實驗制度的蘇聯和東歐的社會主義崩潰了；而最後剩下的東方的社會主義制度，雖然因為中國的改革開放、越南的革新（Doi Moi）、和北韓的左右搖擺不定而殘留下來，但是，由於人類最大的實驗已經失敗，因此，殘留下來的負面遺產其實是日趨嚴重且悲哀的。

社會停滯和人權壓榨姑且不論，被屠殺或被迫餓死的龐大人數，已經在「共產主義黑書」和很多的史料之中出現。而人類所希冀的「理想」—烏托邦，結果卻威脅著「共產主義」的「理想」，反而讓獨裁政治獲得正當化的機會，如此一來，不但沒有解放人類，反而創造出了可以與希特勒匹敵的殘暴。

然而，人類的禍害卻還未結束，在這個紅禍之後，悄悄到來的是「華禍」。而這個華禍又和過去的

第二章

中華主義比
基本教義派更可怕

中華主義是中國教的教義（Dogma）

　　大家都知道，比起任何的民族或種族，中國人是全世界最世俗化的民族。

　　的確，在殷商時代（約紀元前1600～紀元前1020年），中國的占卜很流行，且有堅定的信仰。但是，自周朝時代（約紀元前1020～紀元前256年）起，開始朝著世俗化邁進，談到信仰的話，則頂多是指以「天」和「鬼」為對象的這些模糊的東西而言，所謂「鬼」其實就是「祖先」的靈魂，總之，對神的信仰就是沒有在這個時代出現。

　　至於對「天」的信仰，則是沙漠民族的本來思想。中國人對「天」的信仰，雖然一般認為是從西方或北方流傳過來的東西，但是，儒家和道家的「天命」與「天意」的信仰也接受了這種東西，而且，更成為人力不可抗拒的「知天命」和「懼天命」的儒家思想。

　　在司馬遷的《史記》（約紀元前91年）之中，對不可逆和不可知的人類命運，經常歸咎於「天命」，當然，不僅司馬遷如此，其他讀書人也是如此。

本來，所謂「天」的觀念，係指先將統治宇宙秩序的人或創造天地萬物的人予以人格化之後、再進行崇拜的思想而言。中國是不是有對「天」的固有信仰存在暫且撇開不談，其實這種信仰是自古以來就存在於歐亞大陸的諸文明之中，例如，古希臘的「宙斯」、羅馬的「丘比特」、巴比倫的「阿奴」、以色列的「耶和華」、伊斯蘭教的「阿拉」和印度的「梵天」等等都是；而日本自古以來也傳入了「天」的思想，然後再從「天道」的思想發展到「人道」，最後成為「天人合一」和「敬天愛人」的思想。

相對於上述的情形，即使是同樣居住在歐亞大陸的印度民族也有很大的不同，印度雖然是以「世俗國家」做為基本理念，但是，全印度82%以上的人口所信仰的印度教其實是信奉很多神祇的多神教，而且，印度國內更混雜著伊斯蘭教等各式各樣的宗教。所以，印度是一個想向全部的神祇表示敬意、但反之亦可以同時讓所有的宗教保持距離，並因此讓國家存在和維持下去的國家。

至於另一方面的中國，在春秋時代（約紀元前770～紀元前403年）時，原本被尊稱為專業教師集

團的儒教集團，其實是一個殯葬集團或利益同業公會（Guild）。因為，它本來就是一個掌管祭禮的集團，但非常矛盾的是，他們的老闆孔子卻說：「不知生焉知死」和「敬鬼神而遠之」，明白地顯示出沒有信仰之心。

所以，這種世俗化的「儒教」的教義，既不能稱之為宗教，亦不能做為社會的規範，只能當作宗族的倫理規範而已。此處所稱的「宗教」，對照史學家湯恩比的「文明的核心就是宗教」的說法後，儒教只是被任意地規定為「宗教」而已。

在超過兩千年以上的這種儒教的DNA的浸淫下，中國人的體質可以說是已經具備了無神論或唯物論的形態，中國的社會也成為無宗教的社會。因此，當中國進入社會主義的時代之際，不僅徹頭徹尾地「敬鬼神而遠之」，而且還對宗教進行迫害和排除，這就是共產主義中國的一大特色，尤其更極端的是文革時代紅衛兵的「破四舊」運動。

在激烈的「破四舊」，亦即打破舊思想、舊文化、舊風俗和舊習慣的運動之中，祭祀祖先靈魂的廟堂、墓地和祭祀道具都被破壞無遺。而即使是文

革之後，如有農業上的必要的話，則墓地也可以變更爲灌溉設施用地。可見，這種不承認宗教的共產主義，在中國可是特別受到青睞和徹底的追求。

雖然如此，並不是說所有的宗教之所以會被排除和消滅都是因爲共產主義中國的緣故。本來，人類的言行如果是正確的話，則倡導「天人合一」的儒教、道教和佛教，理所當然會在中國這個世俗化的社會「取得利益」，而且，也會變成和宗教無關的「信仰」對象。在講求實利的世俗化社會之中，這一切應該是理所當然的結果。

不過，對正在繼續接受這種世俗化的DNA的中國人來講，則擁有了唯一的宗教色彩的信仰，這個信仰不是道、佛、儒，而是中華思想或中華主義。本來，不管是稱爲「思想」或「主義」，其原來的意思也非如此，就好像猶太人因猶太教而結合在一起一樣，中國人也因中華思想而結合在一起。因此，所謂中華思想，在某種意義上就是一種信仰，也可以說是中國教。湯恩比也認爲，如果要更正確地認識中國社會的話，則中國文明的核心應該可以定義爲「中國教」，而非儒教。

抱住中國教不放的狂熱信徒

那麼，中華思想，亦即中國教究竟是什麼東西？在日本，一談到「中華思想」，很多人就會認為是「仁義道德」這種東西，這完全是一片誤解。

本來，「神」的存在就不在於頭腦中，因此，中國教的信徒不會有來世與轉世、或天國與地獄的思想，不過，這並不表示說絕對沒有烏托邦的思想。

像「天下為公」這種「大同世界」，就是烏托邦思想的其中之一，事實上，它已經是超越了宗教信仰和意識形態而繼續流傳下來的東西，不僅可以在古代的黃巾之亂（約184～192年）和白蓮教之亂（1794～1804年）等秘密宗教組織中看到「太平」的信仰；而且，「大同世界」還是貫穿孔子以至於孫文、毛澤東等人的所有時代與所有思想主義的中國式烏托邦。而較具代表性的烏托邦，則有東晉時代的詩人陶淵明的「桃花源」；以及，往後更遠的毛澤東時代的經濟、政治、軍事、教育和保健等一體行之的「即使貧窮也都平等」的人民公社。

不過，它又和基督教徒為了去「伊甸樂園」而必

須經過「最後的審判」有所不同，中國教的教徒完全沒有這個必要，因為中國教教徒的「大同世界」是地上的東西，不是天上的東西，所以，如果有像摩西這樣「英明的領袖」來領導的話，則任何人都可以到達，不止本人可以而已，連過去的列祖列宗和家裏的牲畜也都可以一起昇天到達樂園，也就是俗話所說的「一人得道，九祖昇天」、「一人得道，雞犬昇天」的意思。

在中國人的腦筋中，經常都在幻想著進入這個「大同世界」的入口馬上就要打開。由《三國誌演義》一開頭的「天下合久必分，分久必合」的名言可以瞭解到，中國自有史以來，天下就在不斷地重複著分裂與統合。天下分裂的時代雖稱為亂世，但一旦被統一時，中國就由亂世成為昇平世或太平世，天下變成了穩定且值得謳歌的繁榮時代，統一、亦即天下太平之世隨即來臨，這時候就會被當作是進入「大同世界」的入口，而中國教（＝統一教）的信仰就因此而成立。

對中國人來講，儒教、道教和佛教本來就都是來自於同一源流，因此，這種「天下歸一統」和繼承

唯一正統的「大一統」，絲毫沒有政治思想的意味存在，而完全只是做為中國教的一種信仰而已。因此，不管是對西藏也好，或是對台灣也好，縱然發動戰爭的代價很大，正統的中國教也可以平心靜氣地發表中國必須統一的謬論。

也由於擁有這種天下「大一統」的想法，因此，中國人認為羅馬式的和平時期終於來臨，而且還幻想著「中國的勢力越來越龐大，全世界如果由優秀的中國人來掌控的話，則世界將會充滿著快樂幸福」。所以，十九世紀的中國人非常相信，只要洋化運動和改革維新成功的話，則二十世紀將成為中國人的世紀，更深信社會主義中國建設完成之後，一定可以「東風壓倒西風」（超越英國，趕上美國）。

即使是在改革開放之後，中國人也還是有這種想法，繼續吶喊著「二十一世紀是中國人的世紀」，雖然最近又做了「二十二世紀是中國人的世紀」的修正，但是，對中國人的世紀終將到來之事卻還是深信不疑。其實，中國人根本談不上「仁義道德」，卻一直以世界上最聰明的民族而自豪，過度相信自己是世界的中心，而這就是所謂中華思想的骨幹。因

此，以「小中華」自居的韓國人也依樣畫葫蘆，自豪
是僅次於「大國民」的中國人、排名世界第二位的聰
明民族。

拒絕改變的頑固基本教義派

在任何的主義或宗教之中，都會有對教義非常
忠誠且排斥異己的教派存在，對這種墨守教義的教
派，一般都通稱為「基本教義主義」，不過，在中國
則叫做「基本教義派」。

談到中國教的基本教義派，不用說，當然是指
中華思想而言。

中華思想的最大特色之一，是以自我和自國為
中心，也就是以自我為本位，而從這裏所產生的觀
念，則是天下中心主義的天下國家觀，亦即「世界
中心的中國」的這種國家觀。所以，中國是超越國
家形態的「天下」，而世界則是以中國為中心而成立
的範圍。

在這種情況下，優越主義也就極為自然地蔓延
開來。因此，從中國人的角度來看，征服中國統治
下的夷狄，當然不能說是侵略，而鴉片戰爭

（1840～1842年）和義和團之亂（1900～1901年）也不能說是「列強的侵略」，而是中國對那些不自量力來到中國的列強進行「懲罰戰爭」。這種想法也在1841年的對英宣戰文告中表露無遺，由於中國是正義的一方，因此，在「聖戰論」之下，與中國敵對的一方必須接受懲罰。

中華思想的另一個大特色，是極度保守的思想性格，也就是說，完全沒有前進的態度和未來的志向，卻反而是擁有反未來性的思想和反創造性的思考，極度消極保守。而就其「超級保守性」而言，也可以說是極端的崇古主義，完全拒絕任何改變，是一種想要徹底回歸古代社會、並認為愈古老、愈久遠愈好的思想，稱得上是懷古主義，或帶有骨董興趣性的崇古主義。

但是，現實的世界是有變化的，不管是怎樣的懷古主義，也無法阻擋歷史的潮流，而為了應付這種變化，最尊重中華主義的基本教義派的具體策略是「以不變應萬變」，在這種以不變應付萬變的口號下，不管世界怎麼變化，縱使是非常激烈變化，也都只是以不動如山的不動、不關心和不變的態度來

應付就可以，也只要這樣就夠了；然後，再隨波浮沈在陸續變化中的時代潮流之中，以順應新的世界，或只以輕蔑的眼光眺望著撲面而來的時代人物，並感嘆著「人心不古」。

這種崇古主義之所以會被喜歡和推崇，其背後的主要原因是中國社會有數千年的停頓，次要的原因則是經常把「三代聖王」當作政治上的理想圖騰，也就是說，經常緬懷著超古代以至神話世界的伏羲、神農、燧人，或堯、舜、禹的情事。如此一來，社會的發展當然無法期盼，除了永遠停頓之外，已沒有其他的道路可以走。

因此，不管怎麼高唱「政治改革」，其目的都只是要回歸古代社會，換言之，「復古」就是改革的名目，像中國第一次不靠武力而獲得「禪讓」的「新」皇帝王莽（8～23年）即是。所以，從王莽的改革到1898年的戊戌維新為止，所有的改革的根據，都會追溯、並求諸於讓周朝理想化的古代《周禮》等古典書籍。

王莽所揭櫫的改革，誠如文字所示，首先是要「讓周朝的政治復活」，其次是要將豪門大地主的土

地全部收歸爲「王田」，最後再強迫以「王」命名的各周邊異民族更改爲「侯」的稱號。的確，使其難民化、或不得不設法讓他們變成奴隸的目的，雖然都是爲了理想主義，但其結果是，新王莽卻遭到了豪門大地主的反叛，軍事費用大幅增加，只短短15年就滅亡了。可見，不管是怎樣的理想主義，都無法阻擋歷史的潮流，如果抓住時代的變化，但卻無法開拓出嶄新的道路而只想回到過去的話，則大量的矛盾就會出現，其結果就是我們眼前所看到的。

這種中國人的崇古主義，在歷史上屢見不鮮，自孔子的時代起，就有「述而不作，信而好古」的純學習和模仿之風；到漢武帝時，儒教被尊崇爲國教而定於一尊；而進入後漢時代之後，更訂定了「師承」的規範，對所有逾越學問傳授範圍的言論都視爲違法。發展到此，簡直是歷史的悲劇，不僅無法培育批判精神，也否定了理性的思考方式，更將未來的寬敞大道整個都封鎖起來。

而且，更讓人扼腕、悲痛欲絕的是，朱熹學說自宋朝開始登場了，朱熹學說的極端排他性，變成了中華主義和中國教的基本教義派的理論基礎。因

此，中國縱然直接面臨近、現代的新歷史時代變化，也只能在洋化運動之中，以「中體西用」來應對，連在改革開放中，也不得不以「堅持四個原則」或「社會主義市場經濟」的中華基本教義派來應付。這種悲劇，正是從崇古主義所衍生出來的。

華禍當然比伊斯蘭教基本教義派更可怕

哈佛大學的杭庭頓（Samuel P. Huntington）在他的「文明衝突論」（1993年發表）中，曾就冷戰結束後的世界情勢，做了以下的預言：「伊斯蘭文明和中華文明將聯合起來對抗基督教文明，而其衝突將因此產生。」換言之，今後世界上的對立和抗爭，將會出現在宗教、語言和民族等大文明圈之間，而不是以狹隘的國家為單位，同時也不是意識形態之爭。他更從這種觀點，進一步提出「Euro American的構想」，以做為解決方案。

對杭庭頓的預言，本人經常對其可能性抱持著懷疑的態度，因為，伊斯蘭和中華兩文明是不共戴天之仇的敵人，因此，兩者「聯合」起來的可能性到底是在那種情況下呢？本人認為這是絕對不可能

的。

　的確，因基督教和伊斯蘭教而形成的兩種文明，正如同十字軍東征所顯示的意義一樣，其對立狀態已有很長的歷史。不過，不管從那一方說起，兩種文明都是同根、來自同一源頭的，同時也都是一神教和世界級的大宗教，更同樣是由沙漠孕育出來的超民族性的宗教。

　另一方面，伊斯蘭教和中國教對抗下的文明衝突，恐怕是世界史之中最激烈的，由於是絕對vs絕對、極端vs極端的文明衝突，因此，雙方互相憎恨的程度簡直是無法想像。

　至少由今天的伊斯蘭教vs中國教的文明衝突來看，兩者的聯合是絕對不可能的；何況，從中國教的世俗化性格來看時，倒反而比較有可能與基督教聯合，而非衝突。所以，依據傳統的「合縱連橫」和「遠交近攻」的現實主義的戰略思想，基督教文明和中華文明是否有可能在未來互相聯盟呢？以上是根據漢、回的長期對抗歷史和這兩種文明的性質所做的預測。

　伊斯蘭教是誕生在隋唐時代的文明，相對於伊

斯蘭教的誕生，中華文明卻在這個時候把最後的光輝全部消耗殆盡，也就是說，唐朝之後的中華文明完全失去了擴張力量，因此，中華世界周邊的所有民族開始各自蓬勃發展他們的民族主義，並競相創造獨自的文字和文化。從此之後，像宋、元、明、清那樣由華人與夷狄輪流統治中華世界的時代於焉開始。

另一方面，伊斯蘭文明自七世紀以後，分別向沙漠和海洋持續擴張，更從北非入侵伊比利半島；由於伊斯蘭的東進，因此，連印度世界也被伊斯蘭化，而隨著伊斯蘭浪潮從中亞進入中華世界之後，土耳其系的各民族也改奉伊斯蘭教為宗主。過去，佛教進入中華世界之後即被中國同化，然而伊斯蘭教並未如此，反而是，被稱為「回回族」的伊斯蘭教徒從中東進入中國之後，即透過和漢族或蒙古族通婚的方式來擴大伊斯蘭教的勢力，讓「回族」這種宗教名稱變成了民族名稱，當然，中國的伊斯蘭教徒除了回族之外還有維吾爾族。

不管如何，伊斯蘭教不僅未被中國同化，反而對中國造成了威脅，出現了漢回對立的狀況，中國

在十九世紀之後更發生了回亂(1862～1877年)和殺光回教徒的運動。

順便一提的是,現在的伊斯蘭教徒已擁有「寧夏回族自治區」的行政區域;還有,全中國的回族人數已超過700萬人。

崇拜神祇的基本教義派並不可怕

自由、民主、博愛、人權、進步和自尊等文字,可以用來表達近代西歐文明的形象,但事實上,除了這些正面形象的文字之外,千萬不要忘記西歐文明也有極為陰暗的一面,例如對異教徒的迫害(Witch Hunt)、十字軍的掠奪、不寬容的宗教戰爭、殖民地壓榨和「白禍」等等。

不過,在同一時間,基督教徒本身也有遭受迫害的長遠歷史存在。的確,大航海時代以後,基督教文明雖然不斷向全世界擴張,但是另一方面卻也遭受到某種程度的迫害,光拿東亞世界的例子來講,日本豐臣秀吉的「傳教士驅逐令」(1587年),就對傳教士和基督教徒有一段很長的迫害屠殺史;又例如,正和義和團事件所顯示的意義一樣,基督教

徒在中華世界也受到持續性的迫害，甚至於進入人民共和國的時代之後也繼續對神父進行迫害。

尤其，文革中的「宗教是人民的鴉片」的宣傳，連佛教等的宗教活動也一起被禁止，聖經和讚美歌全部被燒毀。因此，在中國教徒佔絕大多數的中華世界之中，基督教基本教義派的所謂存在，其實頂多也只剩下耶穌會而已，甚至於這也只是當時的錯覺，嚴格說來，基督教基本教義派在中國傳教史之中留下了失敗的歷史記錄。

但真正可怕的，並不是基督教基本教義派，而是中華思想的高漲。

今天，一談到基本教義派的話，就會和「伊斯蘭教基本教義派」劃上等號，其實這並不是伊斯蘭教的專利。不管是什麼宗教，只要該宗教的教祖存在的時代，都會有理想的教派存在，說好聽一點，就是要維持純正的原點，然而在現實上，卻都會採取不願意接受變化和停止思考的自我保護方式來維持生存吧！在所有的基本教義派之中，不管是伊斯蘭教基本教義派、印度教基本教義派、日本基本教義派、或美國基本教義派，全部都有一個共通的特

性，那就是對近代化產生抗拒的心理，也就是說，為了要回歸到基本教義，所以理所當然都會採取保守的態度，而雖然是保守，但實際上由於之後會有很多新時代的人繼續信仰，因此，自然而然就會產生矛盾。

然後，這些基本教義派並不只維持保守的態度而已，為了實現理想的世界，他們認為即使是以「戰爭」為名的暴力行為仍然是正當的，譬如，人數高達二千萬人的美國基本教義派，就把基督教新教的教義當作它的起源，其勢力之大，已被認為是「看不到的國教」，在它與自由派的對立之中，平常是不會顯露出來的，不過，一旦美國陷入歷史性的危機時，一定會快速地浮上枱面，像對伊拉克問題的強硬態度就是一個明顯的證明。

至於日本又如何呢？當然，談到日本的基本教義派，幾乎可以追溯到十八世紀中葉本居宣長等人所完成的國學，日本人的自我畫像的形成即是以此做為基礎的，同時，它也對幕府末期的尊皇攘夷的思想產生了很大的影響，因此，幾乎可以咬定這就是日本基本教義派的本尊。

不管是什麼基本教義派，除了保守性之外，也時常有激烈的場面出現，這種情況可以從歷史中獲得證明。不過，今天我們耳朵最常聽到的卻都只是伊斯蘭基本教義派或以色列基本教義派，但其實，這些都不會比中華主義的基本教義派更可怕，因為中華主義不僅非常世俗化，而且又是沒有神祇存在的非宗教性的東西。對神祇信仰的有無，即是區分地球上各式各樣的基本教義派與中國是否不同的地方，換言之，神祇的有無乃是決定這兩種基本教義派是否不同的重要因素。

當然，世界上每一個人所信仰的神祇都是不同的，不過，不論信仰那一種神，都是在衡量人類行為的善惡，也都有超越人類的絕對性標準的存在。因此，對人類來講，可以在神的名下客觀地掌握自己的欲望並擁有捫心自問的機會，或是可以在神的面前以惶恐的心情接受是否能夠去天國的「最後的審判」。但不管如何，「神經常都在看」的這種感覺，其實離人類被絕對化的距離還是相當的遙遠，因為，即使有過於激進的作為，也可以透過相同的經典，在神的名下進行行為的修正。

但是，在中國卻沒有這樣的「神」的存在，他們所相信的，除了中華以外，什麼也沒有，且認為中華民族的所做所為全部都是正當的。既然神不存在，那麼人類會做出什麼事情就不知道，如果只相信自己是絕對的話，那麼，世界上就沒有值得害怕之事，而在某種意義層面上，也就與放任的自然主義無異。

白禍的「和平美國」和華禍的「中國教」

　　當談到第二次世界大戰之後的「白禍」時，不用說，就是指Pax Americana（和平美國）而言，「Pax」雖然是拉丁語中的「和平」的意思，但是，其本質無非是「美國所主導的國際秩序」。在當時的冷戰結構之中，美國擁有足以與蘇聯（亦即「紅禍」）互相對抗的政治地位。

　　不過，美國並不是單純對抗紅禍的白禍而已。本來，美國就是新教徒（Protestant）一派之中的清教徒（Puritan）、係為了在地上實現「神的國度」而建立起來的國家，由於基本教義派是它的建國理念，因此，如果政治局面適當的話，則基本教義派

當然會挺身而出。第二次世界大戰之後，美國利用北大西洋公約組織(NATO)、美日安保條約、東南亞國協(ASEAN)、太平洋安全保障條約(ANZUS)、美洲組織(OEA)和中美組織(OCAS)等政治性組織，以及IMF(國際貨幣基金會)與GATT(關稅暨貿易總協定)的兩大經濟體制，所鞏固出來的國際秩序，雖然確實可以用資本主義來包圍共產國家，但是，另一方面卻也明顯地露出美國基本教義派掌控世界的企圖。

事實上，在之後的80年代之中，美國基本教義派甚至主張「努力把現世變成神的國度是基督教徒的義務」，「因此，不能和惡魔帝國的蘇聯妥協並採取緩和緊張的政策。」

不過，當90年代蘇聯解體之後，全球的結構產生了很大的改變，Pax Americana(和平美國)也在這個時候展現新的活力，從當初僅以推動西方世界和平為目標的工作，轉變成以致力全球性的和平為職志。

不過，在這裏不能忘掉的事是，中國充滿矛盾的「社會主義市場經濟」的路線改革，也是促成上述

目標改變的背後因素之一。從美國的角度來看，中國是一個「巨大的市場」，不管是經濟或政治，中國應該都能夠在自己的範圍內維持秩序。然而，事實並非如此，因為中國是一個中國教的國家。

中國教的治國理念是，除了不承認有比自己更偉大的國家之外，還認為自己是因為要做世界的支配者，以才有必要存在。過去，所謂大國雖然是指美蘇兩國，但是在冷戰結構已經結束的今天，爭奪支配權的對手只剩下美國一個國家而已，所以，對美國，中國除了一面提出「反霸權」之外，也一面把這個邏輯當作武器來實現自己的霸權。目前，中國認為自己的勢力已經可以和美國相抗衡，而到最後，會成為凌駕於美國之上的國家。

這也就是中國今天之所以大肆叫囂「日本軍國主義將復活」的原因。它之所以端出日本侵略中國的這段「過去的歷史」，除了一方面可以動搖國際的輿論外，一方面也可以在政治上擁有比日本更高的優勢地位，何況，也可以藉由這種做法，把美國捲入與日本爭執不休的漩渦當中，以建立足以和美國相抗衡的霸權。

而這裏頭卻有「和平中國」的概念或戰略出現，不，嚴格來講應該是自我幻想而非概念或戰略。如果說和平美國是自美國基本教義派產生出來的東西，那麼，和平中國就是沒有神祇信仰的中華世界的中國教基本教義派所擁有的產物，因此，在這種邏輯下，即使有任何的神，也不會有創造「神的國度」或維持世界和平的理想，而只是想讓華禍的恐怖在世界蔓延開來，以獲取力量而已。其實，「因力量所產生的和平」本身，也是可以和「社會主義市場經濟」匹敵，充滿著矛盾的邏輯和戰略的。

乍看之下，中國雖然和美國一樣是站在相同的邏輯上，但是，由於中國的絕對善惡的標準並不是神，而是中國自己本身，因此，中國會比美國更可怕，沒有任何東西可以約束中國的橫衝直撞，縱使有的話，也是把自己包含在內的崇古主義，不過這樣一來，世界又很有可能、甚至無限制地被捲入崇古主義的自我破壞之中。

中國教比猶太教更可怕的原因

中國教的目標是要把自己正當化，而實際的作

為則是「大一統」。過去，曾經以「解放人類、世界革命」做為口號並進行革命輸出（暴力輸出）的做法，實際上也不是在解放人類，而是為了要把由毛澤東當「皇帝」的中國擴大到全世界各角落。總之，中國教只不過是把馬克思的歷史觀應用在機會主義之中，然後把自己的野心塞入口號之中而已。

因此，在改革開放的時代中，中國教最關心的事當然是軍事力量的擴大，「戰略性國界」就是在80年代之時提出的概念，相對於中國過去以領土、領海和領空的「地理性國界」這種「戰略性國界」的概念，就是在顯示中國實質上所能支配的地理性境界的範圍，也就是說，與外交性的折衝交涉無關，不管對方如何運用邏輯，竭盡所能主張「這是我們的領土、我們的領海」都是沒有用的，只要在中國的軍事能力的涵蓋範圍之內，全都是中國的。因為，這正是「戰略性國界」的意義所在。

試舉釣魚台的例子來講就很容易瞭解，就中國的角度而言，釣魚台的領土權根本沒有外交交涉上的必要，因為它長期以來就是中國所擁有的，先前有中國人佔據釣魚台，也是根據這個邏輯而來的，

不是一部分行爲過度激烈的人的脫線演出。

　　反過來講，如果沒有軍事力量的話，那麼，恐怕連「地理性國界」也是無法自保的吧！因此，從中國教徒的角度來看，爲了稱霸世界而採取的軍力擴大路線，根本就是明明白白的「正義」，實在沒有討論的必要。

　　接著，要讓「戰略性國界」快速擴大的最有效方法，則非使用核子武器不可。建國之後，毛澤東雖然很早就在提倡核子開發，但是直到這時候，才知道他們所標榜的「無產階級獨裁」其實就是「中國的世界獨裁」。而它之所以能夠毫不猶豫地從「消滅資本主義」轉移到「社會主義市場經濟」路線的原因，也是因爲任何的經濟制度對他們來講都是不錯的緣故，也就是說，由於他們的目的是中國獨裁，因此，不管是無產階級獨裁也好、社會主義也好、共產主義也好、或全人類的解放也好，這些結果都是可以接受的。所以，不管是左派或右派，都沒有差別，都必須運用各種邏輯來建構出一個正當化的邏輯。

　　當然，爲了要擠入先進國家之列，也必須全力

發展經濟。其實，中國的經濟發展程度和實際狀況還是很落後的，堪稱是落後的國家。不過，對人類而言，這是非常不錯的事，因為，中國發展經濟的最大問題是將會帶來環境的破壞，有關這一點，我們將會在第七章中詳細說明。中國不僅會踐踏中國的國土，還會使地球的溫暖化加速，沿海工業的無限制廢水排放更會讓海洋的生態系遭到破壞。或許大家還記憶猶新，在農業上，含有有害物質的中國農產物就曾經侵襲日本。

再說，全球也會被中國教徒的盲流所淹沒，例如，2001年於南京所舉行的「世界華商大會」，就邀集了4,700位來自全球70個國家的中國企業家參加，會中，朱鎔基說：「靠著全球各地的華商，中國的現代化和中華民族的偉大發展將會達成。」

今天，不管是對地球的環境破壞，或對人類的健康，抑或對人類的未來發展，華禍的現實影響力已逐漸在形成，這絕不是誇大其詞，如果未認清這種現實狀況，則所謂人類未來的展望的任何政策也都將流於會議桌上的空談而已。

只要中國有存在的一天，中華主義就不會死

中華世界是一個時而安定時而混亂的世界，也就是說，天下一旦混亂時，就會像春秋戰國時代和南北朝的五胡十六國一樣，持續出現數十年或數百年的對立與鼎立的亂世；不過到了最後，天下不是再度被統一，就是被外族所征服而重新建立中華王朝。而中華主義就在這種超過兩千年以上的中華帝國的興亡史之中，成熟地被孕育出來。

統治中華帝國的皇帝，並不一定是特定的民族才可以，只要是能夠代天統率萬民的天子，不管是那一個民族，都被視為是「真命天子」，因為，天子在儒教的理論基礎的解釋下，能夠變成一個所謂的「有德者」。

自唐朝以後，在儒教理論的解釋下，這位有德者超越了民族的限制，不斷地在華人和夷狄的交替中輪流擔任著中國的君主，事實上，蒙古人和滿州人也都成為中國的皇帝。而記錄這種大義名份的最著名理論書籍，則是由康熙皇帝的兒子雍正皇帝親自書寫的《大義覺迷錄》。

當雍正遭到「清朝的中國是由異族掌管的朝代」

的批評時，他一口咬定說：「古代的聖王舜也是東夷，正統的君主是承天命的君主，不問是什麼民族。滿州族是爲了救中國人，才來掌管天下。」

同樣的，北方鐵騎民族翻越萬里長城進入關內並統治中華世界時，像鮮卑人（土耳其系）所建立的北魏王朝，他們也自稱是「中國」；另一方面，自稱是中國正統王朝的江南的南朝，直到被驅逐之後才被稱爲「江左」。

中華世界在契丹人、女眞人、蒙古人和滿州人的反覆征服下，原本被輕蔑和排斥的這些夷狄外族，一旦征服了中華世界之後，就立刻被承認爲正式的王朝；而且，不只是征服者本身，連征服者的祖先也被追諡爲「太祖」來祭拜，像元太祖成吉思汗、清太祖努兒哈赤都是，因爲，不管是誰，只要是能夠征服中華的強者，都可以被該民族當作「民族英雄」來祭拜，並重新當作新祖先來認同。

目前，日本被中國強迫對「侵略」進行「正確的歷史認識」，也無非是不承認日本在中日戰爭獲得勝利這件事，因爲，若日本成功地征服了中國的話，則明治天皇應該被中國人追封爲「和太祖」，那

時候，恐怕就沒有人會對這件事抱持著反感。自有史以來，中國人之所以會把全部征服中華世界的異民族都當作祖先來祭祀，主要原因是可以自豪中國是不會滅亡、永遠存在的國家。如果是這樣，則自認為在中日戰爭中取得勝利並征服中國的日本，或許可以根據這種中華思想而被當作中華民族來承認也說不定。

　　總之，只要中國反覆地脫胎換骨並繼續生存下來，中華主義是不會消失的。其實，中華主義倒有點像阿米巴變形蟲一樣，想把所有的東西都包含在內，不過，如果把一些常識上認為是負面因素的東西也吞進來而想無限擴大能量的話，則恐怕總有一天會讓地球走上滅亡之路。

讓中國成為世界中心是中國人的「歷史使命」

　　當然，自認並自負是世界中心的想法，並不一定只限於以自我和自國為中心的中國人才有，凡是文明圈的人，也都以正處於世界中心而自負，最好的證明是，幾乎所有國家的地圖都是以本身為中心所製作出來的。

任何的古代帝國，它的首都也都是以世界的中心來考量，印加帝國的庫斯科首都就有「肚臍」的意思存在，也就是等於中心。而中國教徒則從很早以前，就把自己的國家稱呼為中原、中土或中華，主要的考量就是把這個中心位置或位相空間認為是文明和理想的世界。

不過，在道教和佛教思想之中，理想的世界並不是「中土」，而是「西方」；對唐宋時代的虔誠佛僧來講，中華之地只不過是邊境，或是「漢土」而已，也就是只是漢人的國家，真正的「中國」是指西方的「天竺」（印度）；而對中國的回教徒來講，所謂「中國」是在更遠的西方的「天方」，那就是麥加。

在前漢時代（紀元前206年～紀元後8年）所編纂的《史記》之中，說到「皇帝經常出遊並與神會面的地方」是在華山、首山、太寶、秦山和東萊等五處山嶽，這些地方全部都在黃河中、下游的流域上，換言之，這裏就是「中國」。

之後，從後漢滅亡到再度統一的三國時代（220～280年）之中，位於中原（黃河中游）的魏國被視為是「中國」。

而接下來的五胡十六國的時代，黃河流域則被當作「中國」看待，像《宋書》就曾提到：「江左（揚子江的左邊）之地狹窄，不如中國。」

　　唐宋的時代雖只把華北當作「中國」，但是到了宋明時代，中國本土18省就被稱為「中土」或「中國」；接著，進入清朝之後，西藏、新疆和蒙古也被視為是「中國」。

　　到了十九世紀末期，中國更信心滿滿地自認為是天下中心的國家，因此，對來到清朝晉見皇帝的西方通商使節，都強迫要求向皇帝行「三跪九叩」之禮。乾隆皇帝甚至對請求通商的英王喬治三世的特使馬可波羅自豪地說：「天朝什麼東西都有，如果你有想要的東西的話，就賜給你。」

　　但是，鴉片戰爭之後輸給了西夷、中日戰爭以後輸給了東夷和倭寇，中華帝國不僅無法繼續維持過去的顏面，而且，還滾落在西方文明的邊緣上，到最後只剩下一條道路可以走，那就是被納入西方文明之中，對中國教徒而言，這種情況是多麼的無法忍受。

　　因此，中國鴉片戰爭之後所推動的「自強運動」

的變革與維新，其目的，除了要表明「站在世界的前端」之外，也要回歸到現實生活中的世界中心來，也就是說，讓世界以中華為中心，在東邊為夷、北邊為狄、西方為戎、南方為蠻的環伺下，都能各自獲得中華文明所施捨的恩惠。其實，這種觀念與毛澤東標榜的「世界革命」相去不遠，對中國人來講，它的魅力就完全在這個地方。

所以，毛澤東是中國人民心中的太陽，同時也是全世界革命人民心中的太陽，因為，他除了說中國是世界革命的中心基地和政治軍事中心外，還大聲吶喊著要使中國成為世界中心的回歸線。

即使是今天，回歸世界中心依然是中國教徒最大的夢想，他們深深地相信，不管是在冷戰時代或美國的霸權時代，全部都是惡夢和歷史的迷失，到最後終究要回到以中國為中心的一極結構上來。這也就是中國不透過外交關係，也不管已獲得日本ODA援助的立場，仍然要求日本到北京來參拜的道理。

這就是中華主義比基本教義派更可怕的地方

中華主義或中華思想即使沒有明確地被寫成文字或條文來當作中國教的教義和戒律，但就像由不成文文化(亦即中國本土化)所產生的禪宗的「禪機」一樣，雖然沒有形諸於文字，但中國教的諸多禁忌仍然可以當作教義和戒律，成為共通的生活規範。

　　譬如拿「漢奸」這件事來講，由於今天的「媚日」已被認為是接近「漢奸」的行為，因此，已有不可以去做這件事(或有做這件事的嫌疑)的戒律存在，雖然說這是不成文法，但也已成為中國教的禁忌。

　　在中國教之中，雖然有至聖孔子和亞聖孟子等這些儒教的創教「至聖先師」，但是他們並不是教主；而道教之神的「李老君」、「元始天尊」和「天公」等具有教主資格的「天仙」們，也不是教主。

　　所謂中國教的教主和教祖，其實就是皇帝。

　　原則上，能夠代天統率萬民的有德者才是當皇帝的必要條件，不過，在實際上，那些於改朝換代中革命成功的家族卻都可以因為血緣關係而成為天子，當然，在競爭者較多的場合時，最後能夠壓制群雄、統一天下的人，即被視為是「真命天子」，這就是根據「天無二日，地無二王」的唯一法則產生的

東西。

在天下萬民之外，還有很多萬邦（諸國）的存在，而維持萬邦的秩序，則需要依靠所謂「天朝朝貢，册封秩序」的規範。

的確，在現代之中，這種天朝朝貢、册封秩序的規範已經崩潰很久了，但中華主義卻不僅沒有消失，還連動也沒有動一下。自十九世紀鴉片戰爭之後的清朝的自強運動（洋化運動）起，迄今天的改革開放運動止，其目標都是在富國強兵，如果不是這樣的話，那麼就不值得革命。

西力東來、西風東漸之後，中國確實是已從天下的中心滾落到西歐文明的邊緣，但即使如此，中國人還是想要回歸到天下的中心，想要以此做爲目標，這種想法可以從中國在這一世紀半所推行的各種改革、革命和運動的本質之中看出來。

今天的中國也是如此，因此，在對外關係上盡是「霸權」的爭奪。的確，中國對「霸」字的口風相當緊，嘴巴說「不稱霸」的原因，主要是中國的政治原則是講「王道」而不是「霸道」之故。

中國的向心力是建立在天下的霸權之上。冷戰

崩潰之後的中國，即使在今天，也繼續不斷地擴張軍力、繼續向美國霸權主義(亦即和平美國)進行挑戰，其原因就是因為把天下的中心思想(中華主義)做為「四個原則」來堅持之故。

話雖這麼說，但不管是在經濟上或軍事上，中國毫無疑問都無法取得霸權，因此，中國目前就拿愛國主義和民族主義做為槓桿，希望達到「富強」或「站在世界前端」的目標，以成就「一君萬民」的世界。在這個「一君萬民」的世界之中，雖然有由上而下掌控的「王道」，但是卻沒有由下而上的「民道」(亦即尋求民意的思想和方法)。如果沒有神祇信仰的話，則根本就不可能存在著民主主義這種可以規範社會行為的自淨結構。

這種中華主義之所以會比任何的基本教義派都可怕，主要原因是中華主義有天下中心和回歸霸權主義的思想之故。

第三章

以難民和殖民
持續擴張的中華帝國

從黃河流域的中原擴張出來的中華民族

在中國的教科書中，有這樣的主張：「在世界史之中，只有中國是唯一沒有被外族征服過的統一國家。」「即使是分裂之後，也很快的就被統一。」其實，這種主張所顯示出來的真正意義，無非表示在「中國三千年的歷史」之中，存在有按照只有自己才是絕對正確的這種中華思想所做的歷史篡改。

中華人民雖然是誕生在黃河流域的中下游，但一般認為，中華人民並不是由單一的種族所誕生，學者的說法雖然有很多種，但其中以至少由三系列的原始種族所結合而成的這種說法最具說服力。

這裏所說的「三系列」，是指夏人、殷人和周人而言，也就是說，這些人類集團經過長時間的混合後所產生的民族，就是「中華之民」。其中，與「華夏」和「中夏」等語源有關的夏人，被認為是中國人最早的祖先，不過，事實是否真的是這樣，倒還未獲得明確的證實。如果撇開夏人不談的話，那麼，繼夏人之後的殷人，究竟是從什麼地方來的呢？其實，說法也是眾說紛紜，不過由於有甲骨文和金文

的記錄存在，因此，若從甲骨文的文字來推論的話，則殷人應該來自泰語系的說法會比較有說服力。至於接下來的周人，則已被證實是來自於西藏系的遊牧民族，他們在中原定居之後即成爲農耕民族。

中原之地，亦即黃河的中下游流域，至少在春秋戰國時代（紀元前770～紀元前221年）就已經綻放出文明的花朵，由「華夏之民」所建立的都市國家或城邦國家就曾經在這裏繁榮過。

當時，居住在中原的人並不完全是華夏之民，也有被認爲是夷狄之民（華夏民族以外的未開化人或野蠻人）的民族存在，戰國時代之後的情況也是如此，例如，被燕、趙、齊等中原大國包圍住的中山王國就不是華夏之國，而是夷狄之國。這些民族的文字、語言和風俗習慣也都不相同。

最後，經過周朝以後的春秋戰國時代的五百五十年間，華人和夷狄的各民族開始混合在一起。第一次將中國統一的秦國，在春秋時代時，也終於由西戎的夷狄跳脫出來，被承認爲華夏之國；不過另一方面，繼承長江文明並統合吳和越的楚國，雖然

擁有強大的勢力，但還是被當作楚夷或楚蠻來看待，因為，被當作中華的朋友來承認的國家，都是在進入戰國時代之後才開始。

如此這般，自春秋時代起，中華的勢力因為各國之間的侵略和領土的擴大而開始擴張。紀元前230年時，韓首先被消滅，接著依序被消滅的是紀元前228年的趙、紀元前225年的魏、紀元前223年的楚、紀元前222年的燕，以及紀元前221年的齊，秦始皇統一了這六國之後，成為東亞最早的統一帝國。之後，中華帝國反覆不斷地歷經歷代王朝的崩潰與重建。

在這段期間內，同時也出現了侵略和屠殺的歷史，起來反抗的夷狄全部被屠殺，而其目的，無非是要透過這種方式來擴張領土。在戰國時代，被消滅掉的民族達到19個；另外，秦朝統一六國時，敵軍的士兵也都遭到活埋，其中最有名的戰役是秦趙的長平之役，秦國的武將白起把趙國四十萬的士兵予以活埋，但諷刺的是，這些秦朝的士兵後來竟然也被項羽活埋了。

之後，秦人和漢人雖然被整合成中華的始祖

——漢族，但從魏晉南北朝的時代(220～589年)開始，由北方的胡與漢、和南方的漢與越等各族進行民族大混合所產生的是唐人；接著，唐之後，中華之地則分別由華人和夷狄輪流統治著中華世界；而在輪流統治的這段期間，蒙古人和滿州人更藉著統治的機會，把中華帝國的勢力範圍擴大到邊境的夷狄之地。

總而言之，互相吞併之後，中華帝國的總體勢力不斷膨脹，不僅是「沒有被征服的統一國家」，還反而是一個反覆征服的國家，這正是中國人在歷史上所獲得的DNA。

三千年的侵略擴張史

不管今天的中國怎麼篡改歷史，事實上大家也都非常清楚，中華帝國的歷代王朝是不斷的在反覆進行興亡的過程，當然，這並不是中華帝國特有的東西，恰好也和歐亞大陸西方的羅馬帝國、拜占庭帝國、以及俄羅斯帝國的盛衰史一樣。

其次，若談到統治中華世界的各個王朝時，大家也都知道，實際上絕不是只有由漢族統治的王朝

而已，相較之下，反而是由漢族統治的王朝比較短，之所以這樣說，乃是因為以漢族做為主角來統治的帝國，只有漢、魏晉、南朝、宋、明等朝代而已，除此之外，其他王朝大部分是由北方的鐵騎民族來主宰中華世界。

不過，不管是由那一個民族來統治，倒是都有一個共通的特點，那就是，在最鼎盛時期都會一面征服與侵略周邊的夷狄，一面持續擴大人民的生活空間。這三千年來的中華帝國的侵略擴張史，即是最真實的證明。

然後，在侵略戰爭中獲得勝利的皇帝，不管是誰，都會被當作民族英雄，亦即「開疆闢土」的英雄來崇拜，例如，前漢最盛時期的武帝（在位期間為紀元前141～紀元前87年）就是最具代表性的人，雖然他的姓名是「劉徹」，但是由於征服了北方的匈奴、進攻朝鮮半島和征服了南越國，因此他死後立即就被追諡為「武帝」。從此之後，在歷代王朝之中，只要是以武功（侵略）揚名立萬的人，都會被追諡為「武帝」。

中國人表面上都會把王道，也就是為了萬民而

把德政掛在口頭上，但其實並不如此，例如，戰國時代的七強（國），都在積極不斷地擴張領土，把新擴張的領土編爲郡縣後，即由中央直接管轄，不會分封給任何一個族群，所以當時的「縣」就等於是軍事的殖民地一樣；又例如，進入秦漢帝國之後，秦始皇和漢武帝也都到處征伐和侵略漢民族以外的四夷（東夷、西戎、南蠻、北狄）所居住的地區。

不過，只要看過中華帝國的侵略全史的人就會知道，除了元、清之外，絕對不會看到萬里長城以北的土地成爲「中華之地」，當然，也有像隋煬帝出長城遠征高句麗，結果失敗而亡國的例子。而如果說除了元、清之外，長城以北的土地曾經也被統轄過的話，其實那也都只是在極短的一段時間之內而已。

雖說如此，但中華的勢力得以延伸到長江以南的百越地區，則是從歷經胡族的五胡十六國的時代（304～439年）而嶄露頭角的南朝時代之後才開始的，這時候，就是被稱爲與鮮卑族的北朝對立的「南北朝時代」；至於人口和生產力變成南北逆轉的時代，則是從南宋（1127～1279年）的時候開始。談

這些，其實也應該算是對中華帝國侵略史的「正確的歷史認識」，不是嗎？

之後，南宋和統治華北的金，也都被從塞外（長城之外）草原進來的蒙古所滅亡。

當時，南宋的中國人不僅一齊投降，還非常歡迎蒙古人的來臨，連最後滿州的八旗軍(全部軍隊分為八個軍團，滿州人全部歸籍在八旗)快接近北京時，宦官的軍樂隊也出來迎接。對這種民族性，魯迅在《燈下漫筆》中寫道：「我們極容易變成奴隸，而且變了之後，還萬分喜歡。」

實際上，在這1,700年的半數不到的700年之中，都是由外族所統治，而其結果是，社會不僅沒有荒廢，反而是一片繁榮景象。在自己比強者還差的時候，就把自己投影在那位強者身上，並幻想著「做為世界中心的中國」，這也是中國人從歷史之中獲得的DNA。

把華夏以外的人都看成禽獸的中華思想

若要以一句話來解釋「中華思想」的話，則在語感上多少會因為時代背景的不同而有所差異，尤其

是進入二十世紀後期之後，Chauvinism（偏狹的民族主義，中國稱爲沙文主義）的印象相當強烈，但在這之前，則以優越主義、自我中心和崇古化的印象較爲強烈。

一談到古代的中華思想，最具代表性且成爲軸心的，畢竟還是「華夷思想」這個東西。簡單來講，「華夷思想」就是自認爲是文明人或文化人的思想，也具有華化＝王化＝德化的同化力的驕傲，也就是說，中華文化的地位比其他所有的文化還要優越，只要是夷狄，如果接納中華的文物、文化和文明的話，那麼也可以變成中華或華夏之民，也只有中華的質和力才辦得到。

由於這種華夷思想，因此夷狄被視爲禽獸或半人半獸的生物，不能和中原的華夏之民併排同坐，像明朝末年的王夫之，這位後來成爲中國革命家所喜歡的作家，在他的《讀通鑑論》之中，就把建立清王朝的滿州人定義爲夷狄，他主張說：「應辨別華夏與夷狄、君子與小人……狄此物，欺之不能謂不信，殺之不能謂不仁，奪之不能謂不義。」換言之，除了漢民族以外，都不是人類。當然，把消滅

南宋的蒙古人驅逐出去、並建立漢民族國家的明朝，在他的觀念中才是正統。

由於這種思想持續流傳下來，因此，即使想成爲中國正統的一部分也不是那麼容易，誠如前面所述，西戎的秦被承認爲中國的時間是在春秋時代，而楚夷則是在進入戰國時代才能和中華列國同席而坐。據瞭解，至少在六朝時代（魏晉南北朝時代，220～589年）中，江南（長江以南）都還沒有被完全承認是中國。

那麼，所謂中國究竟指什麼地方呢？大致上，是指內中國或中心部的18省而言，也就是漢字文化圈的範圍內都是。本來，漢族就不是一個單一的民族，而是經過長時間培養出來的成熟民族，因此，在這個情況下，才會有「漢字文化圈的範圍內」才是中國的規定，而這個規定也同時證明了中國是一個因共通的漢字而結合的複合文化集團。這個範圍，幾乎和高舉大漢民族主義的明帝國的領土一致，具體來講，就是360萬平方公里，也就是說，相當於現在中國國土的三分之一才是傳統的中華世界，而不是像現在幾乎把東亞世界全都包括在內的領土。

中華王朝的「天朝朝貢，冊封秩序」的統治方式，也就是把王朝的外圍國家當作「冊封國」，以建立皇帝與君臣的關係來剝奪其獨立性，然後只要向皇帝低頭，就什麼都給。這種統治方式，一般認為是從周朝時代開始的，不過，實際成熟則是在唐帝國之後的事。到了清王朝時，不僅朝鮮和越南都被視為是屏藩和藩屬，連滿州、蒙古、回部和西藏也都成為禁地(亦即禁止漢人進入之地)。據說，想以漢族為中心來漢化和同化各民族，也就是高舉超大漢民族主義的人，則是辛亥革命後的孫中山先生。

不過，中華帝國的擴張當然並不只是依靠侵略和征服而已，除了「移民實邊」這種政策之外，政治難民和因饑荒而產生的遊民的大量移動，也是中華帝國擴張的原動力。而在這個地方，也存在著華禍的可怕根源。

中華之民於被追逐之中逐漸擴張膨脹

一般認為，黃河文明約在四千年前誕生於黃河中下游流域，之後才隨著中華帝國的擴張，於東亞建立了一個中華文明的大文明圈。

一直到最近，在超古代史的研究和考古學的挖掘之下，終於發現約在六千三百年前，已經有長江文明的存在，比黃河文明更早，其繁榮也因此受到大家的注目，之後更證實這是一個於長江中下游以稻作漁撈文化發展出來的文明。

換言之，黃河文明是在四千二百年前長江文明消失之後才誕生的，它的起源是因為受到寒冷襲擊的漢民族大批往黃河中下游移動所致，所以，一般認為當時的長江之民因為寒冷而不得不移居到雲南省的山區，或從內陸大陸向海洋方向遷徙。

之後，黃河文明至少經過了一段繁榮期，一直到中華帝國誕生之後的東亞世界為止，而在這個東亞世界之中，由於生活植物圈的形成，因此，據推測，這時候分別生存著三個種族集團。

其中之一當然就是黃河文明的主角，位於中原的華夏系的夏人、殷人和周人的文化集團；另外一個是汲取長江文明的苗蠻、越蠻系民族，以及吳、越、楚除外的南方百越文化集團；而最後一個是於長城以北的關外塞外草原上歷經興亡盛衰的阿爾泰語系(Altaic)的土耳其、蒙古、通古斯(Tungus)等

鐵騎民族。

　　一談到地中海文明的主角時，就會讓人想到創造希臘文明和羅馬文明的拉丁系民族，不過，這個拉丁民族卻像日爾曼民族的大移動一樣，被迫從北方往南遷移。同樣的，黃河文明主角的華夏之民，在歷史上，也被北方草原的阿爾泰系鐵騎民族從中原驅逐出來，追趕至長江的江南，甚至被追逐到珠江流域。華夏之民在這種被往南方窮追不捨的過程中，只好將中國的原住民的百越之民逼上山岳地區和高原，或將他們追逐到更遠的南方。就像這樣，農耕民被北方的遊牧民一步一步往南方追逼，結果卻變成了中華帝國勢力南下的原動力。

　　因此，中華文明的性格也有南向的性格，具體來講，就是中原之地進入六朝的晉代時，居住的人民是漢夷各佔一半；然後，這些中原之民於南北朝的時代被追趕到江南，這時，隨著時代的潮流，漢族更從嶺南擴散至雲貴高原。像這樣，在被北方的鐵騎民族持續追逐之下，變成了中華帝國擴張的原動力，換言之，就中華帝國的形成而言，本來就是以難民的歷史為基礎的。

中華的勢力範圍乃因不斷湧現的難民潮而擴大

不是遊牧民，而是由農耕民變成難民潮的情況，可以說是中國人類史的特點。雖然難民潮週期性的反覆出現，已經成爲中國的特產，但是這種難民潮竟然又可以成爲中華帝國改朝換代的原動力，卻也是人類史上很難看到的現象。

當然，這種難民化現象也可以在人民公社崩潰後看到，將近一億的難民不僅從農村流向都市，而且也有很多是移到海外去的，有關這一點，將會在第五章詳細敘述。如此這般，變成國際盲流的這些難民，從中華世界流向世界各地，其實，在這些國際盲流之前，早就有以南洋地區爲中心而定居於世界各地的華僑的存在。

難民從秦朝末年起就已經開始出現，然後，在歷代王朝的末期就必定會大量的湧現，說它是歷史的鐵則，一點也不過分，而這些難民在中華大地竄逃之際也會變成改朝換代的革命預備軍，其人數爲數十萬到數百萬之間，甚至於在十九世紀也可以看到「一千萬人的難民」(《東華續錄》)的記錄。

本來，農耕民就應該以能夠定居落戶做爲基本條件，可是爲什麼突然之間卻變成了難民呢？一言以蔽之，那就是因爲自然環境和社會環境這些連鎖性的生存環境發生崩潰所致，而且，這種狀況還隨著時代的經過而有惡化和擴大的趨勢。

　　自然環境的崩潰到底是什麼呢？水旱災頻頻發生即是。其實，在人類的生存環境之中，中國的大地可以說是經常遭受水旱災侵襲的地方；何況，水旱災又隨著時代從北方擴大到南方，使得受害地區不斷擴大，同時，更出現了發生頻率也在增加的惡性循環。

　　通常，水災之後都會發生大傳染病的流行，而旱災之後則會遭遇到蝗害，因此，災害會有連鎖性的深化並擴大的現象。當然，在水旱災之後，接下來的是大饑荒的出現，餓死的人有時候會達到百萬人，甚至千萬人以上，而有幸在這種惡劣環境之中存活下來的人，就變成難民，四處流浪。

　　隨著這種社會環境惡化而出現的難民，不單單是四處流浪而已，他們每到一個地方，除了乞求食物外，也進行叛亂，並讓叛亂日漸擴大。於是，隨

著難民走向山林和湖泊，或進入城市，或往邊境移動，中華的領土也跟著擴大膨脹起來。的確，難民正是中華勢力膨脹的重要人物，不過，這絕不是過去的歷史，目前，這種中國的歷史法則還在持續之中，這也就是今天華禍可怕的地方。

眞實呈現中國慘狀的《三國誌演義》

經過一千年以上由夏人、殷人和周人混合之後誕生出來的中原華夏之民，歷經春秋戰國四百多年的戰爭與和平的洗禮，終於讓黃河文明的花朵綻放了，這也就是所謂百家爭鳴、百花齊放的時代。而經過了這個時代之後，也由於秦人和吳、越、楚人的加入，因此得以成就中華之民的秦漢的統一王朝。

大致上，漢民族經過了四百年的漢帝國之後，形成了一個成熟的文化集團。

在漢朝的時代之中，江南的人口不多，大部分都集中在黃河流域的兩岸，尤其是關中這個地方。不過到了漢朝末年時，天下因為黃巾之亂（184年）而崩潰，進入了吳、蜀、魏的三國時代（220～280

年)。這個黃巾之亂的發生,乃是因為在天災、傳染病和連續饑荒之中,有很多農民變成了難民所引起,最後,這些難民化的農民的反叛逐演變成全國性的動亂。

以這個三國時代做為舞台的《三國誌演義》是一部長篇小說,即使到了今天,仍然吸引很多日本人,但其實,這個時代也是中國史上最悲慘的時代之一。因為,漢朝的人口在最盛時期約為六千萬人左右,按照森鹿三先生的推測,如果把家僕也算進去的話,則人數可達到一億人,但是,進入了三國時代之後,卻只剩下八百萬人不到,少掉了一位數,主要原因是天災、傳染病、饑荒、叛亂和戰亂所造成,依歷史的記載,是數千人死不絕途、赤地千里,也就是千里之地了無人烟、白骨堆積如山。

如此這般,因戰亂而使農民減少的中原之地,逐漸被北方的各種民族移居進來,當進入晉朝(265～316年)時,有半數的居民都已經變成了胡人;而到了之後的五胡十六國和南北朝時代,又有很多北方的漢人被追趕到江南地區,這個時代可說是中華世界的民族大移動的時代。

接著，在這四百年間，北方的漢人和胡人混雜在一起，而被追趕到南方的漢人也和越人混交，其結果是，社會結構和民族結構完全改變了；在漢朝的末年，佛教也趁著漢人的精神上的空白而流傳進來，讓民族的風貌和性質都因此而改變。

佛教和道教更在六朝的時代中取代了儒教，而成為社會上的精神寄託，其實，宋朝時代誕生的朱熹學，也盜用了佛教的哲學暨其用語來重新解釋儒教，亦即所謂的文藝復興。

漢朝時代的中國，雖然是一個豪門的時代，但是六朝時代卻有點像日本平安時代的貴族社會。所以，不管是民族性也好，社會性也好，或精神性也好，絕不能把唐帝國的唐人和漢帝國的漢人混為一談，因為這樣是不正確的。

從隋朝末年的戰亂中興起，社會和經濟都非常安定的貞觀之治（627～649年），以及東亞各國都成為朝貢國家的開元之治（713～741年），可說是唐朝的太平盛世時期；但自玄宗皇帝之後，因「安史之亂」和「黃巢之亂」所引起的藩鎮割據時代，卻持續了很長的時間。

由安祿山和他的部將史思明所領導的「安史之亂」，於755年爆發，戰亂持續了九年之久，由於部隊中大部分是遊牧民出身的人，因此，農地被破壞，農民四處逃散，整個華北地區被荒廢下來；另外，由私鹽買賣商人黃巢所率領的「黃巢之亂」，則在800年代後期發生，戰亂歷經10年，在這個戰亂中，除了四川之外，幾乎全中國都可以看到荒廢的景象，連原本於「安史之亂」中幸免的江南經濟中心，到最後也難逃一劫。結果是，唐朝從此一蹶不振，日本之所以於894年中止派出遣唐使，也就是因為在這種天下大亂的時候前往中國是相當危險的緣故。

唐朝之後，北方各民族開始興起，契丹人、女眞人和西夏人（Tangut）競相建立中世民族國家。在這個中世列強的興亡時代之中，北方經常成為戰場，從唐朝衰退到蒙古人的元朝征服南宋為止的這五百年左右，北方的唐人和宋人就像第二個南北朝一樣，競相渡過長江，往江南甚至嶺南地區（廣東）進行民族大移動。在南宋的時代（1127～1279年）中，中國的民力已經出現南北逆轉的現象。

自宋朝之後，中國的君主獨裁政治也隨著時代的潮流而愈來愈獨裁，因此，社會結構也跟著大幅度改變，大眾文化從宋、元時代起開始繁榮發展。

經過這個第二次的民族大移動之後，在以後的中國史中，中華帝國的重心從北方移到了南方，尤其，在經濟面上，就像「湖廣熟，天下足」和「蘇常熟，天下足」所說的，江南成了支持中國存在的重心。

於清朝太平盛世中孕育出來的人口炸彈

接下來，在明朝約二百七十五年中，國號雖然說是「明」，但正確的說法應該是「大明」，這是從蒙古的「大元」模仿而來的，很諷刺的是，這個時代完全和「大明」的意思相反，是中國史上最黑暗的時代。

為什麼說是最黑暗的時代呢？因為，在這個史上最兇惡的君主專制的時代之中，是由跋扈的宦官和奸臣來統治著這個國家，很多有能力的大臣即因此遭到整肅，軍事也由皇帝直接管轄；而且，中央更在地方上建構了可以掌握每一個角落的「里甲制」

（所謂「里甲制」，係一種徵稅、教化和維持治安的自治組織，以110戶的民戶為一里，其中，10戶的富人為里長戶，剩下的100戶則分為10甲，每甲再設一甲首戶）的集權體制。因此，這是一個人權受到蹂躪、每個人都為重稅所苦的時代，甚至於饑荒、傳染病和人類自相殘殺，也都在這個時代大肆流行。

還有，這也是一個大力鼓吹愛國主義和民族主義的時代，其情況類似現代中國的江澤民時代。可是，為什麼要營造出這樣的時代呢？當然，這並不只是單純要製造出中華思想而已，還有一些歷史上的理由也必須要考慮到。

明朝的太祖朱元璋，與漢高祖劉邦、毛澤東一樣，都是從平民革命之中取得政權的。出生在貧農之家、後來變成流浪漢的朱元璋，於元朝末年時加入了白蓮教的紅巾軍，武功學成後即成為一位武將，最後將元朝的蒙古人驅逐出去而成為皇帝（洪武帝）。這個政權是以「驅逐韃靼」做為復興中華口號的民族革命政權，之所以使用這個口號，理由是因為經過蒙古人將近一百年的統治之後，南人（南

宋的後裔）幾乎都已經被蒙古人同化，蒙古的風俗習性留下了很大的影響力，因此，為了要消除這種影響，遂大規模地推動漢族文化的復興運動，嚴禁胡姓、胡服和胡風。

之後，在永樂帝的時代（1402～1424年）中，因為軍事上的理由，將國都從南京遷移到北京，永樂帝並親自率領軍隊去鎮壓北方的蒙古遊牧民族。到英宗的時代（1435～1449年）時，為了征伐蒙古民族的瓦剌族（Oirat），雖然派出軍隊出征，但軍隊卻完全被消滅，也因此發生了皇帝被逮捕的「土木之變」（1449年，土木是北京西方的地名），不過，也有人說這個事變是宦官開始在宮廷內部發展勢力的謀略。

最後，這種黑暗時代終於結束了，當進入滿州族統治的清朝之後，接近140年的康熙、雍正和乾隆的三個朝代，成為中國歷史上空前的太平盛世。滿州人是北方的樸素民族，皇室也非常節儉，因此，人頭稅就在這個時候被免除掉了，結果，原本於明朝末年因傳染病、饑荒和盜賊猖獗而奄奄一息的漢民族，就在這個異族統治之下重新復甦過來。

但是，復甦後又有悲劇發生了，那就是人口過剩的悲劇。在這三代的一百四十幾年間，原本二千多萬的人口，到了乾隆中期時就已經超過了二億，而到1840年的鴉片戰爭時更超過四億人，人口已有過剩的現象。

這種人口過剩，帶來了自然環境的破壞和社會環境惡化的惡性循環。進入十九世紀之後，原本已經崩潰的中國社會的生態系，又在水旱災、饑荒、傳染病、難民和戰亂的不斷肆虐下，使崩潰的範圍更為擴大，最後，終於連中華帝國也開始衰退崩潰。

人口過剩和自然環境破壞的惡性循環產生更多的難民

文明的衰亡，尤其是農耕文明的衰亡，大致上都是因為土地生產力退化所引起，埃及文明、東方文明和印度文明都是如此。當黃河文明正處於繁榮期時，以上的先期文明已經衰亡了。

而黃河文明的衰退，則可以在漢朝末年到六朝時代之間清楚地看到，因為，在漢朝末年的2～3世

紀左右，黃河文明已經屹立了二千年以上，這時候的土地已因灌溉技術的無法克服而開始退化和鈣化，除了收穫量減少外，更帶來了沙漠化的問題，即使說人類是萬物之靈，也無法對抗農作物收穫遞減的法則；而耕作技術的發達，雖然提高了土地的生產力，但其結果卻也帶來了人口的增加，到最後，因人口過剩所帶來的糧食危機、資源的枯竭，甚至傳染病罹患率的提高，都逐一發生。

譬如，在漢朝的時代中，中國的大部分人口都集中在關中（河南）和黃河兩岸的地區，人口密度已經呈現過高的狀態，尤其南岸各郡的人口幾乎都超過了一百萬人，像潁川郡的人口密度是每平方公里207人、濟陰是223人、汝南郡是700人以上；而全國的人口則達到六千萬人，比羅馬帝國的五千四百萬人還多，過於飽和的狀態由此可以輕易的推斷出來。

這種人口密度過高的農耕社會，帶來了自然環境和社會環境惡化的惡性循環，一旦突然發生水旱災，或受到饑荒和戰亂的襲擊時，不僅整個農村社會將會全部瓦解，也會發生人類的自相殘殺和難民

的大量流出。從歷史記錄來看，因安居落戶的人民而產生的農耕文明，基本上不能違抗人口和糧食的「標準法則」，不管是那一種文明，如果沒有辦法阻止小規模自然災害的發生的話，則都會對該文明造成無可彌補的破局。

根據本人在70年代所做的研究顯示，在中華帝國的時代中發生的中國人大規模自相殘殺現象（在諸史的「天文誌」和「五行誌」之中稱為凶象），總共超過了120次以上（詳細請參考拙著《中國殘酷物語》）。在饑荒和戰亂中生存下來的難民，如果從宏觀的角度來看，則大部分是從黃河流域（中原）流向南方，因此，中華文明普遍具有南向的性格。

至於有關中國的人口史方面，在人口學說上有各式各樣值得信賴的研究和論述存在。姑且不論詳細的數字，大抵上巔峰時期的數字是清帝國的四億人，而在清朝以前的歷代王朝之中，則以宋的一億人最多；漢朝的最盛時期聽說有六千萬人，且據估計，在清、宋朝除外的歷代王朝中，即使在最巔峰時期，頂多也只不過八千萬人。

如前面所述，日本人最喜歡的《三國誌演義》

舞台的三國時代，乃是中國史上最悲慘的時代之一，漢朝末年的人口幾乎是接近滅絕的狀態。在這個被描述成「赤地千里」和「千里無人烟」的人口大量死亡的亂世之中，即使把三國的人口數全部合計起來，頂多也只在700～800萬人左右而已。

就宏觀的角度而言，進入漢朝末年時，黃河文明誕生的地區——中原，已經像爆竹的連鎖性爆炸一樣，人口不斷地大幅往下減少，有一部分變成了難民，從黃河流竄到淮河，因此，原本多彩多姿的太行山脈的森林受到嚴重的破壞；尤其，到了六朝時代時，北方的農民變成了一股巨大的洪流，流向了長江以南的江南地區，結果，造成了華北地區的人口大量減少，而這種變成無人之地的地區，則慢慢地被北方的遊牧民族填補進來。

總而言之，自漢朝末年開始，將近二千年的中國人口的變動，大致上看到的是，從北方向南方蜂擁而至的大趨勢。

因此，南方在宋朝以後成為支撐中國的重心。但，漢族農民進來之後，森林不見了，自然環境加速崩潰，因此所帶來的自然現象，就是水旱災的頻

繁發生、人民大量餓死和難民大量出現。

　　由於清朝的康熙、雍正和乾隆的三代一百四十多年的太平盛世，因此，中國的人口在破億之後又持續往上增加，到了十九世紀時，人口突破了四億；另外，在無法進行耕作的揚子江的山地上，栽培了外來的甘藷和玉米後，使得人口扶養力大幅提升也是一項重要的因素。不過，人口過剩所帶來的自然與社會環境的連鎖性惡性循環卻也因此而加速進行，隨著每一次的水旱災的侵襲之後，就會有超過數百萬人、或數千萬人以上的難民出現，而這些難民潮則會把未開發的山林和高原淹沒。即使光看因十九世紀的災害而死亡的人數，也可以推斷出難民的人數應該達到六千萬～七千萬人之間。

　　自從進入二十世紀之後，似乎可以看到過去擠滿在南方的中國人潮，出現了很大的變化。這一次，中國人一面向邊境發展，一面「逆流」北上，從滿州進入內蒙古，然後擴大到新疆，當然，這種情況似乎可以視為中國人生態系的一大變化。

　　如此這般，中國人將近二千年的南流現象，終於因為南方的可耕地的限度而開始往山岳和高原移

動，這種二十世紀開始的北流的方向大轉變，也從此展開了數百年之久。事實上，聽說即使是現在，西伯利亞的冰原地帶每年也還有五十萬人流入。

另一方面，中國人也湧入了新疆更西邊的「新新疆」的哈薩克草原，在十年的合約下，中國農民預備朝著哈薩克的農地開墾進軍。其實，當拿破崙被放逐到Saint Helena島時，中國的農民早已經在這個大西洋的島上進行開墾了，所以，有諷刺的話說，拿破崙的旁邊早已經有中國的難民在那裏蠕動。

淹沒邊疆地區的中國殖民潮

中國在十八世紀末期時，因為人口過剩和山河崩潰的結果，北方的人口逐漸南下，漢人進入了雲貴高原，因此，除了和少數民族發生對立外，民族叛亂的事件也經常發生。當時，由於滿州、蒙古、回部和西藏還都是屬於中國朝廷的禁地，因此，中國的移民大部分都往西南的方向流動。

當然，滿州在被列為禁地的時代之中，也被禁止盜採、盜獵和盜墾，直到十九世紀末期，回亂被

平定之後才出現轉機，禁地開始被解禁，並准許人民遷入，因此，滿州在突然之間每年平均湧入了一百萬左右的難民；接著，內蒙古的草原上也有漢民族來到。

目前，內蒙古的沙漠化問題雖然越來越嚴重，但是漢人的流入也是造成這個問題的因素之一。本來，在降雨量不多的貧瘠土地上，遊牧的生活乃是可以讓自然獲得休養生息的最好方法，因此，為了要定居下來而沒來由地四處開墾，毫無疑問，將會破壞土地生產力，並剝奪這塊土地。

再說，中華人民共和國在建國之後，隨著生產建設兵團的腳步，漢人也遷居到西北部的新疆維吾爾地區；之後，自文革後的改革開放的時代起，漢人更深入西藏高原。從此，在以後的兩個世紀間，少數民族的「邊境之地」都擠滿了漢人，而由於中國人慢慢地朝邊境地區遷移，因此，中國也從三億的人口擴大到十三億。

隨著漢人自西南移民到滿州、蒙古、新疆和西藏等中國新領土後，幾乎所有地方的可居住空間都變少了。

另一方面，在二十世紀末開始採取改革開放政策之後，盲流不斷從農村湧入都市，因此，正在產生另一種波動，據說盲流的人數每年約有一百萬人。

當然，這種現象說它也是中國的歷史法則一點也不過分，所謂中國的歷史法則是，通常在王朝的末年時權力會集中於一身，且「國都」會非常繁榮。而即使是來到了近代，如果上海越來越繁榮的話，也一樣會有面臨崩潰的危險，因為，如果都市區繁榮的話，則地區的貧富差距會擴大，而為了生活，或為了尋求模糊的夢想，很多人會來到都市地區，不過，來到都市的人不一定會如願以償，而且，由於人口還源源不絕地進入都市，因此都市變得擁擠不堪，貧苦階層也更為擴大，最後當然是無法忍受這種最貧苦階層的生活壓力。

另一方面，難民潮不會停留在中國國內，也會一步一步地往國外大量流出，即使是現在，每年也有一百萬的國際盲流從中國流入周邊國家，甚至於七大洲。

總而言之，改革開放後只經過二十幾年的時

間，就有這麼龐大的盲流出現，事實上已經超過了西方大航海時代以來的全球移民規模，何況，它又以極快的速度，從農村湧向都市，從內陸流到海洋沿岸。

第四章

中國的「和平滲透力」
很快就會淹沒全世界

中華文明的封閉性會讓擴張到達臨界點

大家都知道，雖然同樣在歐亞大陸上，且曾經是東西交流的海陸絲路，但是中華文明卻比近代西歐文明和伊斯蘭文明更爲孤立，完全像印加文明一樣。

那麼，爲什麼中華文明是孤立的文明呢？當然，造成孤立的原因，絕不是因爲近代文明是以西歐文明爲中心，以致中華文明逐漸衰亡所致；而且，也不是因爲中華文明是西歐文明的衛星文明或週邊文明，以致正在等著被編入近代文明。

其實，中華文明自從在黃河流域誕生以來，就一直是一個孤立的文明。

況且，北方有沙漠，也有萬里長城，因此，中華文明只能向南方發展，這也是它的特色之一。

不過，如果再詳細來看的話，則雖然中華文明確實是一個極爲孤立的文明，但是，在它的內裏卻有地理學、地勢學和地政學的原因存在。之所以這麼說，乃是因爲位於歐亞大陸東端的中華世界，從地理學的角度來看，呈現著相當封閉且孤立的地

形：北方有大沙漠，而且延伸到中亞和西亞，更往北邊還有西伯利亞的冰原帶；西方有青康藏高原（西藏高原）；南方是丘陵地帶；東方是海。自古以來雖然有「南船北馬」的說法，但比起地中海文明，東亞之海的航海卻沒有那麼發達。

在性格上也是封閉的，因為，從北方到西方築起了萬里長城，長城內則被無數的城廓二、三層地層層包圍著，村莊也完全是排他性，而且，對外也一直實施陸禁和海禁。

在文化與文明的擴散力方面，比起基督教文明、伊斯蘭教文明和佛教文明，中華文明也沒有那麼大。佛教雖然是由印度進入中國，並慢慢地被包容下來，但是相對的，中國自古就有的儒教和道教卻從來沒有進入印度世界過；而做為溝通媒介的漢字，雖然被認為誕生於紀元前八世紀左右、並完成於秦朝時代，但是，到了唐代之後卻幾乎喪失了擴散力；很多周邊的民族都各自創造出自己的文字來；日本也是如此，最後，竟連自認是「小中華」的朝鮮也創造出自己的朝鮮文。

而自印度進來的梵語系文字，也隨著佛教對東

南亞以至於西藏產生了影響，並發展出波斯系和阿拉伯系文字，成為漢字文化圈（亦即今天的中國、台灣、南韓、北韓、日本和越南）以外的各民族所使用的文字。

中華文明的典型文化要素，大致上有儒教、道教、律令制度、漢字、皇帝制度、宦官和纏足等各項。這些都在春秋戰國時代綻放出花朵後，成熟於秦漢時代，等到佛教於六朝的時代傳入之後，又在唐代看到了它們的再生。不過，之後也難免又失去魅力，直到今日。

約七世紀時，伊期蘭文明在西亞誕生，然後從沙漠從海洋一路東進，流入東亞和南亞的同時，也和佛教文明互相抗衡。這個伊期蘭文明和基督教文明是兩種可以並列的文明，即使在今天，兩者仍然是擁有擴散力的文明，最後伊期蘭文明也來到了中華世界。今天，在中國的維吾爾族和回族之中，就有數千萬的伊斯蘭教徒，尤其是在改革開放之後，受「信仰自由」的想法的影響，伊斯蘭教徒開始建築清眞寺等東西、毫不避諱地闡述自己的眞正主張。

而自五胡的時代開始，包括突厥在內的那些活

躍於中華世界的土耳其系各民族，最後也紛紛改信回教。之後，那些改信回教的漢人，也就是所謂的中國教徒都變成了回民。西域不用說，這股力量在北方越過了長城，在南方則自雲南往東南沿海推進，連大都市也被慢慢地侵蝕進去。

如此這般，中華文明與伊斯蘭文明遭遇之後，中華文明終於走到了擴散力的臨界點，接著，又在西風東漸、西力東來的近現代西歐文明的遭遇之下，更決定了中華文明的沒落命運。

雖有物質的需要，卻無法忍受中華文明的流失

在東西文明的交流管道上，自古代以來即以海上和陸上的絲路而聞名，所以，無論怎麼說都不是從15～16世紀的大航海時代開始的。

自史前起，東西文明有交流往來是不會錯的，因為，這可以從埃及和中國的農耕文明上存在著很多共同點獲得證明。但是，交流的管道卻絕不是連續性的，經常都會因為東西文明的興亡、或海陸絲路上沿線各民族的盛衰，而發生人為的轉變。主要的交流管道，比較有名的有草原路線（Steppe Route)、綠洲路線(Oasis Route)和海洋路線(Marine Route)等三條，不過，這些路線並不是固定的，會隨著時代而產生各種不同的路線，原有的路線也會消失，交流的地區當然也會不同。

至於從北亞橫跨到西亞草原地帶之上的鐵騎民族，雖然沒有創造出獨自的大文明，但由於變成了傳播東西文明的民族，因此，對文明的擴散有很大的貢獻；同樣的，活躍於海上絲路的海洋民族也是如此，包括阿拉伯商人與波斯商人。

前面說過，清朝乾隆皇帝面對要求通商的英王特使曾說出：「天朝什麼東西都有，如果有你想要的，就賜給你。」這一句豪語就是這種交流的象徵，因為，各式各樣的文物透過當時的絲路被帶進了中國，而這就是我們經常提到的「天朝朝貢貿易」。

由於中華帝國必須維持帝國的形象，因此，雖然有物質上的需要，但是，其結果若是讓中華文明向外流失的話，那麼，那是無法被接受的，因此，最好的方法是，除了天朝的朝貢貿易外，其他方式一概不接受。想要瞭解中國的陸禁與海禁的原因，

這不就是最容易瞭解的嗎？不過，這種以自我為中心的邏輯是不可能適用於全世界的，因為，陸禁和海禁正在引發各式各樣的問題。

秦漢以後的中華帝國的時代，農耕民族和遊牧民族之間經常出現的問題，無非是北方遊牧民族的邊境貿易受到限制所引起；而北方鐵騎民族之所以會跨越長城入侵，也是因為這個原因；還有，倭寇的活躍也是因為明朝的海禁所致。

在歷代王朝的陸禁與海禁之中，不要說文物的交流，就連華人和夷狄的人際交流也受到嚴格的禁止，尤其更嚴格禁止經書外流至異域。日本國內有許多從隋唐時代流傳過去的文物，也都是在唐帝國崩潰之後才走私進去的，而日本當時也付出了相當高的金額，才得到了這些中華的文化和經書。或許，像三藏和尚的天竺取經和鑑真和尚的渡海事蹟，也全部違犯了陸禁與海禁的規定。

中華帝國歷代王朝的嚴格陸禁與海禁，並不單純是國防上的問題，也有要斷絕除了天朝朝貢貿易以外的一切交流，以防止夷狄模仿中華文明的文化鎖國的意義存在。

中國政府為什麼執著於「中國」這個稱呼

　　曾經有西方的中國學者主張中國不應該使用「China」的稱呼，這並不是因為中國曾經嚴格要求日本禁止使用「支那」的緣故，而是因為比起「China」，「Century Kingdom」的用法要來得正確之故，如果把「Century Kingdom」翻譯出來的話，那就是中之國、中央的王國，從漢字的意思來看就是這樣。

　　自古以來，「中國」這個名稱都只是王城、宮城和京師的意義的延伸而已，後來則是指中原、中土的國家，到了秦漢以後才擴大到統一王朝的意思。縱然如此，在唐朝之前的時代中，所謂「中國」，只是指華北的中原地區而言；到了南北朝的時代，由於南朝也把北朝的五胡各國稱為「中國」，因此，自唐朝以後才漸漸把整個中華世界稱為中國，並因此而定名。

　　問題是，為什麼今天的中國政府竟然把中國主張成世界上獨一無二的「中國」，這種主張有時候會讓人覺得可笑，例如，在文革後的某一段時間，日

本的外務省接到中國外交部的要求，希望將總部設在岡山的「中國銀行」的公司名稱加以更改，理由是因為它會和「中國的國有銀行之一的『中國銀行』產生相同名稱的困擾」。這般拘泥於「中國」的稱呼、並禁止其他國家來使用，甚至於也那般反對「兩個中國」、並強迫世界各國接受，這到底是為了什麼呢？

當然，在「中國」這個國名方面，曾經和「中華民國」的正統政府的名稱有過爭議。不過，到了今天，除了台灣政府以外，並沒有其他國家和中國在國家名稱上起過紛爭。即使是中國本身，在1912年決定將「中華民國」做為國名時，也曾經將使用在「華夏」和「大夏」之上做為美稱用的「華」、「夏」等多種名稱拿出來討論；直到二十世紀的初期，革命派和維新派之間，也仍繼續針對國名進行討論，但都已不會固執在「中國」這個名稱之上。

那麼，到了今天，上至中國政府，下至民眾，為什麼都如此執著於「中國」這個名稱，甚至將它視為神聖的東西呢？其中的道理，只要從中華思想和中華主義來看，就可以很容易地瞭解。

首先，中國具有以自我和自國為中心的中華思想的觀念；其次，從小至個人、大至國家的「位相空間」的感覺和感情來講，認為比起東西南北，「中」乃是最高的價值觀，也就是說，站在空間的優勢位置上就可以擁有優越感，因為，世界的中心不只代表優勢和優越，也象徵著君臨天下、統治世界的意義。

　　如果追溯到前漢時代的百科字典著作《淮南子》的「地形訓」的話，則可以知道古代的中國人本來就將漢人祖先的「華夏之民」的居住地視為是天下的中央，以外的地方全部是邊境。中華思想的歷史確實是相當的長遠，不過，若是想要將被清王朝所征服的這段歷史也轉換成是自我優勢性的歷史的話，那麼，不就是有竄改歷史的意圖嗎？

　　中國禁止日本使用「支那」這個名稱，是匈奴將「秦漢帝國」唸成「Tsin、Cin」後，再將它傳到中亞和西歐後開始的，當時的唐僧義淨將它翻譯成漢文的「支那」，所以，後來就和具有「偉大且光輝」意義的「震旦」一起被當作文字流傳下來。因此，直到二十世紀的初期，仍有知識份子喜歡用「支那」、「震

旦」來代表中國。

他們之所以執著於「中國」的稱呼，其實是具有某些企圖的，那就是，想要將古代蒙古人的統治、和清王朝於外交公文中不承認漢文的事實都納入「五千年的歷史」的「正統」之中；同時，對中國始終把自己定位為「天下」而非「國家」的自我中心思想來講，「中國」這個名稱正是最適合不過的東西。

打破封閉的改革開放乃是窮途末路的黔驢之技

從二千多年的歷史來看，中華帝國雖然是陸禁與海禁嚴格的國家，但絕不是完全封閉的國家，例如，設置了山海關和玉門關等諸多的關口，將關內與關外區分出來，以利於通商和交流的持續；又如，在海路方面，也在泉州和廣州等地設立了市舶司（貿易管理機構）；同時，在清朝的時代，也和日本江戶時代的鎖國時期只開放長崎港口來進行通商一樣、只開放廣州做為通商港口。

當然，各個王朝的鎖國狀況多少有些差異。在南宋的時代，由於江北全部被金帝國所佔領，因此，不得不藉由海洋通商來尋求生路；不過，當蒙

古人征服中華世界之後，這種情況就有很大的變化，這時的元朝時代是中國史上最開放的時代，不管是陸路海路、或東西通商、或文物交流都非常盛行，即使是在中國內陸地區的人、物交流，也從來沒有一個時代是如此的興盛。

同時，元朝也可以說是讓瀕臨死亡狀態的中華文明再度復甦的時代，而且也是最早讓紙幣成功流通的時代，但是，對元朝來講，歐亞大陸的東西方都爆發黑死病的大流行，可以說是最大的不幸，因此，使得元朝就此衰退，最後還被驅逐到北方的草原，成為「北元」。

之後，到鴉片戰爭之前，中國雖然開放港口通商，但還是一個封閉的國家，即使是歷經無數次的改革和革命，也都幾乎沒有成功。不僅如此，即使是到了民國，或由社會主義政權來進行文革，社會也還是越來越貧窮落後。正因為如此，所以最後不得不祭出「改革開放」這個窮極之策，事實上，這是中國史上第一次對外開放，也是開國。

話說從頭，這個國家是一個世俗化的社會，充滿著信仰自己的「中國教徒」，原本就沒有強烈的宗

教意識，由於沒有神祇的信仰，因此，既沒有指標亦沒有規範來評斷自我行爲的是與非。當然，也容易受到近代文明的影響，而且，因爲文革的「破四舊」，以及鴉片戰爭之後持續不斷地改革，所以，以皇帝制度爲首的所有中華文明的傳統，幾乎都遭到丟棄的命運。

因此今天，在改革開放的時代之中，中國教徒只剩下「堅持四個原則」的最後束縛，那就是堅持社會主義、堅持無產階級獨裁、堅持馬克思列寧主義與毛澤東主義、和堅持黨的指導等四項。這些對世界而言早該「放進博物館」的傳統，又該如何丟棄呢？

就實際情況看來，瀕臨死亡狀態雖然是無庸置疑，但是，由自己來放棄「四個原則」的可能性卻接近於零，主要原因是，爲了國家現代化，雖然有必要從國外學習新的制度，但是向來不變的「從夷狄身上學不到任何東西」的自大心態卻還是沒有解除；再者，相對於法治主義是現代國家的原則，中華思想卻把人治主義列爲最高的指導原則。結果是，由於沒有學到資本主義的規則，因此也就沒有

辦法制止民眾的慾望。

今天，雖說是「民眾的慾望」，但是最能忠實呈現慾望的人，其實就是共產黨幹部的這些官僚。所謂無產階級獨裁，其實就是一黨獨裁，這些官僚是不可能放棄手上的權力和地位的，如果放棄了這四個原則，或不得不放棄的話，則一開始時可能會出現既腐敗又混亂的現象。

當然，在這個過程上，中國會面臨危機，而因為這種混亂，世界也很有可能遭受到中國國際盲流的傷害，有關這一點，有必要謹記在心，因為，世界已經開始受到這種傷害了。

中國人民將從鳥籠中脫逃

看到改革開放後的中國，有一句順口溜可以用來象徵它的新生現象之一，那就是：「北京愛國，上海出國，廣東賣國。」意思是說，北京人的愛國心很強，上海人都想到國外去，而廣東人為了賺錢，把祖國賣掉了。

雖是順口溜，並不完全沒有根據。首先是北京，它是中國的政治中心，人民大會的會場在此，

國際性的活動也都在這裏召開，因此，的確可以凝聚愛國心；再來是上海，它是代表中國的商業都市，海外的最新情報和商品都會從這裏進來，由於跟外國的距離是那麼接近，因此出國意願也會湧上來；至於懷抱香港的廣東的每一個人，其「祖國」意識薄弱，想來還是不要說為妙，不是嗎？

在這句順口溜之中，由於是在肯定北京的愛國，並指責上海和廣東的不愛國，因此，可以看出讚賞愛國主義並想提高愛國主義的無意識的力量的作動；同時，從對上海和廣東的憧憬，也可以反映出現代中國人想追尋自己的夢想，比愛國或其他事情更重要的潛意識。

其原因是，由於蘇聯崩潰之前的東歐「鐵幕」和中國「竹幕」一直持續著社會主義的鎖國政策，因此，當中國180度的大轉變轉換成開放政策之後，中國人就好像是從鳥籠中被釋放出來一樣，從鄉村飛到都市，甚至也有想從國內飛出去的衝動。

在開放的初期，本人曾經聽到中國學界的大人物說：「現在的中國青年，最大的夢想是到國外。」我問說：「為什麼？」他回答：「因為在中國不能做

任何事，既沒有夢想也沒有希望。」所以，要到外面尋找夢想。

即使沒「胸懷大志」也沒有關係，只要能從鳥籠飛出去，到那裏都可以，任何目的地也都可以。因此，以億為單位的盲流沒有目的地地從鄉村到都市，甚至循著沿海都市流浪徬徨，這些人幾乎都是年輕人。當然，在某一方面上，這也可以說是人口過剩所造成的生態學的現象；但是在另一方面，對好不容易才出現農業以外的第二次產業的落後國家來講，這種情況無非是產業革命前期的產業預備軍的誕生。

這些產業預備軍的數量，光做簡單的計算也會超過想像，失業和公司組織精簡當然沒有工作，而即使大學畢業，也有半數以上的人找不到工作，這就是目前都市的現狀，這只要看農村的現象就能夠很清楚地瞭解，因為實際上存在著令人驚訝的人口數量。

根據聯合國的最新統計資料顯示，中國的農業人口約為八億五千萬人，實際的勞工是五億四千萬人，相對於這個數字，美國則分別是五百萬人和三

百萬人。雖說如此，但這並不表示美國和中國的農業生產值有很大的不同，其實，美國提供了全世界半數左右的糧食，可是中國即使有那麼多的人在工作，卻還是有糧食不足的問題。

問題出在中國的土地制度上。不管農業人口有多少，由於沒有機械化的小農佔了一大半，因此沒有辦法進行有效率的生產。可是，如果把這種非效率的現狀考慮進去、並假設中國需要相當於美國十倍的五千萬農業人口的話，則簡單算來，中國還有八億的過剩人口；而且，農村的發展落後，比起都市地區，生活和教育的水準也極低。

因為這樣的差距，所以每年有近億的年輕人變成了盲流，正在流向都市去。據保守的估計，只要其中的1％～2％流到國外，那麼換算後，每年也會超過100～200萬人。

事實上，確實有那麼多的中國人從打開的鳥籠飛了出去。最後是，地球上將會擠滿中國人，湯恩比就是這樣預言的，預言果真會成真嗎？

華禍遍佈於全球後，中國將會分裂

誠如所見，中國經常無限制地讓人口膨脹，因此，饑荒和傳染病等所謂人為災禍就會大規模地出現，如此一來，難民就可以被持續的送到世界各地去。

春秋戰國時代的中國，其人類活動的範圍，大致上被限定在黃河和長江兩大流域。

秦始皇自征服六國之後，即開始南征北伐，進行所謂「開疆闢土」的夷狄征服戰爭。在北方，對以匈奴為首的鐵騎民族，建築了萬里長城以防止入侵；然後，在征服楚國之後，更動員數十萬的軍隊，征服珠江流域的越蠻，並設置郡縣；另外在北方，不僅設置常駐軍隊，也從黃河流域把民眾移民過去。而即使是進入了漢朝時代，北方移民也還是持續著。

但真正出現大量移民潮，卻是前章所述的魏晉南北朝的時代。這個時代的移民，大多是被北方的五胡所追逐的北方居民，也就是所謂的政治難民。歷史上像這種北方居民大舉南逃的時代曾經出現過三次，分別是魏晉南北朝時、唐朝的安史之亂與黃巢之亂時、和北宋被女真人（金）消滅之後又於江南

建立南宋時，這些都是北方中國人向南方大移動的時期。

然後，進入明朝之後，北方的人和物幾乎都已經荒廢，成為不得不依靠南方的時代。

從人口的密度來看，西漢時代的中國人口大多集中在關中地區。若假定以淮河和秦嶺為南北界限的話，則北方的人口約佔80%，而南方的人口只不過是20%而已；相對於長安地區一千人左右的人口密度，浙江南部、福建、廣東和廣西等地區的人口密度卻只有一人左右。

本人的史觀，這二千多年間，成立了三個性格相當類似的中華帝國，除了上述的「秦漢帝國」、「隋唐帝國」外，再加上近代才成立的「中華民國或中華人民共和國」。其實，前二者的崩潰過程和現在的中國相當類似。

從這個觀點，現在來重新驗證吧。

首先是第一個中華帝國的「秦漢帝國」。有很多的歷史學家都同意，秦帝國的崩潰乃是因為急速的社會改革所造成的。那麼，漢帝國的崩潰又是如何呢？主要是北狄的大量流入、華北的土地過度開發

引起地力衰退、領土急速擴大引起夷狄勢力的抗爭擴大等因素。之後，動亂之世持續了約四百年之久。

其次是第二個中華帝國的「隋唐帝國」。隋朝統一南北朝，並重建中央集權制度之後，中央集權制度一直到唐朝之後才被建立完成，不過，為了維持龐大帝國的開銷而實施的嚴酷稅收卻造成了農民的疲憊；同時，另一方面也導致了地方豪族的土地私有化，讓中央集權制度開始走上弱體化的道路；接著，經過「安史之亂」後，又引進了可以讓新興地主階級成長的藩鎮制度，朝著地方分權化邁進；最後，利用夷狄取代疲憊的農民之後，在沒有守護帝國的士兵之下，黃巢領導農民叛亂的「黃巢之亂」，終於成為帝國解體的決定因素。之後，就進入了五代十國的多國時代。

因此，現在的中國是以中華帝國的復活為目標。

長達十年的文革，可以媲美「安史之亂」，而改革開放則類似「安史之亂」後的藩鎮制度。不僅如此，在王朝崩潰的重要因素之中，經常都是國家和

社會的共存關係失去平衡點和民眾叛亂所致，中國共產黨在1989年的「天安門事件」中，以壓倒性的武力來鎮壓數十萬的人民，無非也是害怕上述的歷史事件重演，然而即使如此，像法輪功向中央舉起反抗旗子的事件卻還是層出不窮。

今天，不管如何吶喊「堅持四個原則」，或以軍事力做為後盾來維持一黨獨裁，也無法阻擋地方分權化和市場經濟化的進行、地方主義的蔓延，以及只考慮地方經濟利益的諸候經濟的發展。因為，地方的經濟力凌駕中央的政治力的日子，已經迫在眉睫了。

如果是這樣的話，則今後的中國將會像隋唐帝國一樣走入多國的時代，這應該是歷史的必然吧！事實上，在改革開放之中，也有十大經濟區和七大經濟圈的構想，因此，本人預測中國最後將會分裂成東北、北京華北、中原西北、上海華東、兩湖華中、福建、廣東、海南、四川、雲貴西南、寧夏、內蒙古、新疆維吾爾和西藏等十四個中華小國。

不過，比這個更嚴重的問題是在崩潰過程中出現的混亂現象。誠如所見，因為社會的大變動，中

國的盲流一定會從農村到都市，從都市到世界，一步一步往外溢出去，因此，到底會發生什麼事？地球會變成怎樣？世界被中國人淹沒的時代非華禍莫屬，這實在是一個可怕的世界。

暴力犯罪也是中國國際盲流難辭其咎的事實

當然，今天的中國絕不會以分裂做為目標，反倒想建立「大中華經濟圈」，把更大的區域當作「天下」統一起來，不過，這個理想和目的可能會事與願違，對照鄂圖曼土耳其帝國想統一各民族但卻解體的歷史，以及奧匈帝國分裂並解體的例子來看，中國的野心反而可能會加速解體的速度。

為什麼呢？因為，今天中國經濟的成長是倚靠美日為中心的國外資金和技術來支撐的。所以，如果中國再度築起「竹幕」的話，則原本就充滿矛盾的「社會主義市場經濟」將會立刻封閉起來，而不得不走上自我崩潰的道路，屆時，為了想要讓這個矛盾合理化，愛國主義和擴大軍備將會被端出來，不過，這些都只是共產黨一廂情願的想法，也就是說，即使依然故態復萌地煽動反日情緒來讓愛國主

義蔓延，也無法讓懷有「中國之外有夢鄉」的年輕人就此停下腳步來，畢竟，愛國主義是不能當飯吃的，不是嗎？

再說，中國的年輕人手上也已經握有海外的資訊，比起中國，資本主義國家是如何的富裕，他們瞭解之深，恐怕遠超過日本人和美國人的想像。而其結果是，中國的盲流就利用非法入境的方法流向世界各地。

詳細的情形將會在第五章談到，不過，光看最近中國人在日本的犯罪事實，也應該可以想像到它的實際狀況。

譬如，在某一時期，首都圈經常發生「扒竊」的事件，最近雖已不太聽到這種事，但絕不是已經消聲匿跡了。這種「竊賊」犯罪，在日本是屬於比較輕微的罪行，因此，他們在日本以扒竊當作「犯罪入門」以累積經驗；同時，在這期間，也會「開發」出各式各樣的新偷渡方法，讓更多的中國人以「合法的形式」進入日本，以累積足夠進行更大型犯罪的人員、技術和組織。

他們竭盡所能地走出中國，然後，無論做什麼

都可以（即使是必須犯罪），只為了要圓一個「夢」，中國年輕人的這種意念是日本人所無法想像的，因為，日本的年輕人到海外留學時，若被其他人詢問或捫心自問「目標是什麼？」時，其原因都是不一樣的。當然，由於中國人是利用各種日本人想像不到的方法進入日本的，所以，為了金錢，連暴力犯罪也在所不惜。

最近，不太看到「中國人犯罪」的字眼，不過，這並非犯罪已經減少，而是因為受到中國政府的壓力，各家報紙一般都改用「亞洲人」或「外國人」的字眼來做報導；另外，由於次數已經過於頻繁，因而，做為「新聞」被一一報導出來的「價值」已經淡薄。

中國人對發現美國新大陸的妄想

有一個巧克力的廣告，說「大就是好」，這也是中華思想。當然，大不只是要好，漂亮也很重要，「美」這個漢字是「羊大」的造字，為會意文字，中國人不是「小就是美」的愛好者，中國人除了「大東西」和「漂亮東西」之外，更喜歡「舊東西」。

如果抓住這個原則，就能瞭解中華思想了，例如「大淸帝國」等等，在中國的名稱之上加上「大」字，就是這種中華思想的緣故，或者，當說到「五千年的悠久文化」時會感到驕傲，也是相同的道理。

　　講到中國的海外移民史，亦即華僑史時，在目前的中國人主觀上，大致上都會追溯到二萬年前，因爲中國人已經在二萬年前就移民到美國大陸了，所以，發現美國新大陸的人不是哥倫布，而是中國人。

　　大家都知道，所謂二萬年前中國人就已經移民到美國大陸的故事，其實就考古學和人類學的學術論證而言，充其量只不過是在釐淸印地安人究竟是不是中國人的子孫而已。

　　就連中國人，也無法確實證明「由於現在中國城的每一個人都是在二萬年前移民到美洲，因此，最早發現美國的人就是中國人」。而即使能提出證明，除了中國人外，也沒有人會認爲那是一個「發現」吧。還有一些以中國爲傲的中國人，甚至說在四萬年前就已經移民到美洲了。

時代再往下移，也有殷朝的人在紀元前一千年遠渡太平洋移民到墨西哥的說法。對中國人來講，紀元前一千年已經是大航海的時代了，因此，大航海是因為中國而揭開序幕的。但是，不管他們怎麼添油加醋，大航海時代的開始是在明初的十五世紀，離他們所說的還有一大段距離。然而為了證明中國人的偉大，明朝的宦官鄭和率領海洋大遠征隊，從南洋航行到非洲，甚至橫渡太平洋的世界大航行，也成為中國人喜歡引用的歷史。

如前章所述，魏晉南北朝的四百年間正是天下大亂的時代，大部分的中原之民都被驅逐到江南；而自唐代以後到明朝的一千年間，民眾也隨著時代的變動而反覆不斷地大流動。

在唐朝的時代，由於絲路非常發達，因此，唐玄宗時代在河西諸郡（今天的甘肅西部）從事交易的國家有四十多個，而光是長安的外商和夷商也有四千多家，確實是一個國際色彩豐富的時代。不過過了盛唐時期之後，由於發生了安史之亂和黃巢之亂，導致藩鎮割據、商人和移民都往南方之海移動，也就是所謂的「通夷海道」（海上絲路）。

進入宋朝之後，北方各民族變得非常強盛，宋朝的陸路都被控制，因此不得不依靠南海來通商；而元朝則是中國歷史上人流與物流最繁榮的時代，是一個難得一見的通商國家；不過，明朝的海禁又使得東亞地區進入了鎖國時代。

中國的海外移民雖然因為「通夷海道」的發達而慢慢擴大，但是在王朝的變動期也可以經常看到這種現象，例如，在鄭和的大航海時代之中，爪哇東部的海港就已經有一千多戶的華僑，根據記錄，這些華僑大部分都出身於廣東和福建。

如此這般，雖然有些著作認為中國的華僑史應該追溯到二萬年或四萬年之前，但從唐朝才開始的說法雖尚未定論，卻已成為一般的常識。

在苦力貿易中賣身的黃人奴隸

海外移民的動因，大致上有通商、逃難、尋求佛法、傳道、出使或對外侵略的佔領等五項。中國人向海外移民，與人口過剩有很深的關係，尤其，在清王朝的盛世時期，人口急遽增加，人口爆炸的問題不斷發生；而清王朝的衰退也是因為人口過剩

造成自然環境和社會環境的惡化而愈加明顯化，也就是說，自然和社會的連鎖性崩潰對清王朝的衰退有很深的關係。

譬如，清王朝的人口在清康熙皇帝24年（1685年）時超過一億，乾隆24年（1759年）時超過二億，而30年後的1787年則有三億，到鴉片戰爭的1840年就突破了四億，結果，帶來了糧食危機和大量人民餓死，經常發生數百萬人或一千萬人以上的餓死慘劇。

由於這種人口過剩，中國人開始向海外大出走。

譬如，從清初的1661年到1840年為止的180年間，福建的人口增加了二倍，而廣東則增加五倍，在這種人口過剩所帶來的糧食危機之中，這兩個地區的很多人民遂往南洋移民，以尋求生路。為了避免餓死，向海外出走已成為當然的考量。

另一方面，從世界史的觀點來看，自大航海時代結束後開始，約有四百年之久的「奴隸貿易」變得相當著名，非洲就有六千萬人左右的奴隸被出賣。接著，進入十九世紀之後，歐洲各國陸續宣佈禁止

奴隸貿易，使得黑人奴隸發生供應不足的情況，因此，鴉片戰爭之後，黃人奴隸貿易開始盛行，並取代了黑人奴隸，這就是所謂的「豬仔貿易（Pig Trade）」或「苦力貿易（Coolie）」。黃人奴隸貿易幾乎都是以中國人為主，苦力貿易雖然早在十六世紀就存在，卻是到了鴉片戰爭之後才開始盛行。

表面上，「豬仔貿易」或「苦力貿易」雖然都採勞動契約的方式，但實際上是和黑人奴隸一樣是掠奪貿易或奴隸貿易。這種黃人奴隸貿易，在實際的人類史上，是僅次於黑人奴隸貿易的人口買賣。當然，這種買賣雖說是從鴉片戰爭之後才開始盛行，但在十六紀初期的明末已有已經開始的記錄（《明實錄》）。

跟今天的蛇頭（人蛇集團）一樣，實務上都是以獵人、誘拐和人身買賣的方式來進行，當然也有自願賣身者，不過卻不是像今天必須支付大筆金錢來偷渡入境，稱呼老闆也不是現在的「蛇頭」，而是叫做「豬仔頭」。從豬仔頭也被稱為「苦力販子」或「拐子」的字面上可以知道，掠奪、人身買賣和誘拐就是取得黃人奴隸的方法。如果是採用掠奪或獵捕的

方法的話，則奴隸狩獵集團會將鎖定的行人套上麻袋，然後送到豬仔館(奴隸監禁所)收容起來，再伺機以貨船運送出口，這種貨船就叫做豬仔船或苦力船。

苦力船也被稱為「鬼船」或「海上浮動地獄」，這是因為船上的死亡率相當高，常有人餓死、被撲殺、病死或被丟入海裏的情況，例如，在1850年代，往秘魯的苦力的死亡率是45%，往古巴的苦力船的死亡率也有45%左右。苦力被運到目的地之後，就在豬仔市場(奴隸市場)被賣掉。

那麼，到底有多少「豬仔」從中國被賣出去呢？根據陳翰笙的《「豬仔」出洋》的記載，推測在十八～二十世紀之間，被賣出去的豬仔至少有600～700萬人；而根據朱杰勤先生的推測，在十九～二十世紀之間約為100萬人。

在1881～1930年之間，從中國進入麻六甲海峽周邊的海峽殖民地的移民達到830萬人。從近代中國出來的人，大部分都是逃往東南亞，不過，被賣到新大陸的人也很多。

湯恩比所預言的「和平滲透力」的廬山眞面目

湯恩比和同樣是英國哲學家的羅素(Russell)，都是以中國的禮讚者聞名，光就讚美可以給中國人帶來勇氣這一點來講，就對中國有很大的實質貢獻。不過，湯恩比不只是禮讚而已，他還因爲預言「即使再落後，自二十世紀的後期開始到二十一世紀的初期止，將是中國人的時代」而被大家所熟悉，對中國人來講，他是最受敬愛的文明論者，甚至直到今天，還可以聽到「二十世紀最偉大的歷史學家」的稱讚聲音。

不過，自從鴉片戰爭之後，中國雖然歷經了長達一世紀以上的自強運動、維新改革、辛亥革命和社會主義革命等等的改革和革命運動，但是，結果卻都是以失敗收場，中國的社會也因爲這種現實而越來越貧窮落後。對於在這種負面歷史中生活的中國人來講，即使只是一句「二十世紀是中國人的世紀」的預言，也可以讓中國人從失望轉爲希望，給未來帶來鼓舞；對中國而言，任何的稱譽和禮讚，不管是以怎樣的方式來說，也都是值得的，縱使它只是在增加自信而已。

從湯恩比的角度來看，當時的中國人口已有四億之多，這不是一個龐大無用的數字，而是無論走到世界的那裏，都一定會碰到中國人的驚人數字，例如，即使是在英國殖民地政府統治下的檳城（馬來西亞），所有的產業也都控制在中國人手裏，據說，湯恩比已實質認為「這個國家正在逐漸成為中國自己的東西」，因此他預言說，透過這種「和平的勢力滲透」，中國的勢力將會越來越擴大、越來越巨大。

接著他又解讀說：「目前，馬來半島雖然在英國人的手上，但是未來，馬來半島應該會被掌握在中國人的手裏。」理由是：「相對於英國人把祖國認為是天國的想法，中國人卻認為馬來半島才是天國。」把理由歸於雙方的觀念差距上，因此，中國人可以在馬來半島落地生根，相對的，英國人卻只把自己當作過客，暫時留下來，絕不會在當地札根。如此這般，馬來半島也確實逐漸成為中國的一個省份，這就是中國人的「和平的勢力滲透」。而東南亞也會有相同的命運，湯恩比這樣預言。

甚至於，對在滿州殖民地上進行移民競爭的日

本人、俄羅斯人和中國人，湯恩比還預言中國人的「和平的勢力滲透」將會獲得勝利，因爲滿州人面對中國農民大隊的流入已經沒有站起來的機會。他也預言，這種中國拓荒者佔據滿州的事實，可以和美國人的西部開拓史相提並論。

的確，整群的中國盲流雖然越過萬里長城，並成功地佔據了滿州，但是，馬來半島卻和湯恩比的預言不同，並沒有成爲中國的一省，這種情況似乎可以說是歷史的捉弄，不，應該這麼說，雖然大批的中國人流入馬來半島，但在數量上卻無法壓倒馬來人，也沒有政治力之故吧？

中國的盲流將會像洪水般淹沒日本列島

本來，滿州人之地的滿州，就和歐洲的德國位在相同的緯度上，擁有德國和法國加總起來的面積。滿州人進入長城內（關內）並征服中國之後，幾乎所有的滿州人都以統治階級的身份進入關內，之後，滿州被列爲「禁地」，並因此而成爲鮮少人烟的無人之地，直到十九世紀末期回亂（伊斯蘭教徒的叛亂）被平定之後，滿州才被解禁，准許移入。

然後，滿州就開始進入了移民競爭的時代，參加這場滿州移民競爭的人，主要以中國人、朝鮮人、日本人和俄羅斯人為主。

　　在這場移民競爭之中，不僅湯恩比預言說「最後取得勝利的人是中國人」，事實上從二十世紀初期開始，情勢就越來越明朗，到最後更是水落石出。

　　在移民競爭中敗下陣來的，不只是日本人而已，俄羅斯人也是一樣。就日本而言，雖然早就有100萬人到500萬人的移民構想計畫，但是，對日本人來講，滿州不可能是桃花鄉，即使是嫁到滿州的新娘，光是走這麼一趟路，就很辛苦了，它畢竟不是日本人可以生活的地方。

　　日本在1933年時，第一次有492人和第二次455人，總共1,000人移民進去，但適合農業的土地已經都被中國人拿去耕作了，更且，日本移民又受到暴力對待，其激烈程度，連武裝的日本開拓團也無法處理。

　　所以如此，主要是中國從十九世紀開始就不斷地發生水旱災，到了二十世紀，每年也有數百萬人

餓死，不僅如此，30年代初期的西北大饑荒更有超過一千萬人死亡，如何逃出這樣的中國呢？對二十世紀的中國人來講，這確實是最大的夢想，因此，進入二十世紀之後，每年平均約有一百萬的難民逃入滿洲。總而言之，日本的計劃性移民被這種從中國逃竄出來的無計畫性的難民給打敗了。

對中國這種「和平的勢力滲透」，湯恩比斷言說，不管是未來的10年、50年、或100年，其成就已經很明白地呈現出來，因為，連移民和交際都比日本人優異的俄羅斯人也在滿洲被中國的難民打敗，這不是很明顯的證據嗎？然後，他又指出，俄羅斯文明和中華文明融合之後，將會產生「新種的單一文明」，並預測中國人將進入東部西伯利亞地區，然後誕生出「文化上俄羅斯佔優勢、血液上中國佔優勢的新社會」。

湯恩比也預言說，在中國人的「和平的勢力滲透」之下，如果「中國人的洪水」突破某一點的話，則恐怕日本列島將會不見了。事實上，中國在改革開放之後，只有短短的20年，日本國內就已經擠進了40萬的中國人，如果再加上偷渡客的人數，則就

第五章

遍佈全球的中國
難民的暴力犯罪

讓蛇頭搖身爲世界性金融資本家的偷渡業

　　1970年代的末期是中國偷渡客第一次進入日本的時間。當時，中國人是以僞裝成越南難民的方式偷渡進來的，誰都沒有想到，原本最被中國人瞧不起的越南人和朝鮮人，居然被中國偷渡客當作喬裝的對象，這就是日本人的盲點。

　　之後，一直到今天，中國的偷渡客就持續不斷地潛入日本列島，根據海上保安廳的調查，光從查獲的案件來看，就已從1994年的13件激增到1997年的73件；進入2000年代之後，雖然從2001年的43件419人減少爲2003年的26件139人，但是，這些數字畢竟只是遭到警方逮捕的數字，有關這一點，最佳的解釋是，偷渡的方式已比以前更爲巧妙。再說，以逮捕案件最多的1997年爲例，當時遭逮捕的全部偷渡客是1,360人，其中，中國人就佔了1,209人，中國人佔全體偷渡客的比例，每年大概都是這樣。總之，中國的偷渡客正以讓人無法想像的態勢流入日本。

　　這種狀況不限於日本，韓國、台灣和東南亞國

家也是如此，甚至於南北美洲、歐洲大陸、非洲大陸、以及地球上所有的大陸與海島，也都成為中國盲流不斷流入的目標。

為什麼要偷渡呢？在改革開放之後，中國雖然逐漸開放政府黨官以外的人也可以出國的限制，但一般人民的出國卻也不是那麼簡單；另一方面，受到改革開放後的經濟發展之夢的誘惑，幾百萬、甚至幾千萬的人口由農村流入了沿海都市，實際能獲得工作的人卻是極為少數，因此，海外遂成為他們的目標，然而，合法的出國不是那麼容易，則偷渡就是情非得已的考量了；從中國出走既已成為中國青年的夢想，偷渡的需求也就越來越高，以蛇頭為中心的偷渡業也就跟著成長。

蛇頭以有組織的勸誘方式，巧妙地推銷向海外展翅高飛的夢想，其費用雖然會因偷渡地點和偷渡人不同而有所差異，但一般而言，到日本是200～300萬日圓，約等於人民幣13～15萬元，到台灣是2～3萬人民幣，到香港是5千～3萬人民幣，有時也會高達5萬人民幣，到北美則是偷渡成功後才支付報酬，行情約為2～3萬美元。

在改革開放初期，萬元個體戶每每成爲討論的話題，因爲1萬元的單位在當時是相當大的金額，表示是富裕人家。之後，從1990年起到2001年止，這段期間雖然都市家庭的每人平均收入都呈現倍數的成長，但是，對中國人來講，1萬元還是一筆大數目，即使今天，這種情況還是沒變。偷渡所需的費用，是一筆可以在中國快樂生活一輩子的金額，即使如此，每個人還是想籌錢偷渡到海外，因爲，如果能夠在海外工作的話，則借來的偷渡費用也只要在短短的幾年內就可以還清。不過，這裏所說的「工作」，並不是日本讀者所想的那種穩定正當的工作。

譬如，今天在台灣工作的風塵女郎，幾乎都是被稱爲「大陸妹」的中國偷渡客，其中也包括俄羅斯人。她們如果工作二、三年的話，就可以讓家人過一輩子的快樂生活，但在中國，即使工作一個月也只能賺到數百元而已，因此，拚了性命也要想辦法偷渡出去的想法並不是沒有道理的。在台灣，因非法入境而遭到逮捕的中國人當中，竟然也有福建省的學校校長，爲什麼會如此呢？因爲，比起擔任校

長，即使到台灣做苦工，所得到的薪水也比較好。

另一方面，如果每個人的偷渡費用是200～300萬日圓的話，則按照蛇頭的計算，一條偷渡船可以擠進100到200人，光一條船就可以輕鬆地做到2～4億日圓的營業額。

福建省的福清是一個聞名的偷渡基地，根據90年代的資料，福清幫角頭郭良琪每年經手的偷渡費有30億美元之多，其中10億美元是角頭分得的部分。

而依照中國公安的推算，每年偷渡到歐美國家的中國人約在110～130萬人之間，所以，偷渡的年營業額可以達到100～200億美元，約相當於外資投資總額的五分之一～三分之一；另外，中國黑道的收入，在90年代中期之前都是以販賣毒品為主，但之後，偷渡的「事業」收入卻遠超過販毒的收入。今天，偷渡業已成為全球性的大型多國企業。

自己吸毒，同時也讓毒品擴散至全世界的中國人

1840～1842年發生的鴉片戰爭，在日本人的歷史常識之中，好像是因為英國單方面向中國強制推

銷鴉片，才造成西歐列強對中國展開侵略。

　　其實，鴉片戰爭的本質，與其說是鴉片的銷售問題，倒不如說是清朝和英國之間的自由貿易問題所引發的戰爭，有關這一點，即使是中國人也沒有這種認識。如果從清朝皇帝的詔書中來看的話，則應該可以看到「英夷懲罰」這幾個字，也就是對英國這個夷狄的叛亂所進行的懲罰性戰爭的意思。對清朝的士兵而言，鴉片戰爭一定是他們所喜歡的，因為他們可以透過戰爭而獲得掠奪廣州的機會。

　　假設，英國只是無理地向清朝強迫推銷鴉片，那麼，只要清朝的官民戒除吸食鴉片的習慣不就解決了嗎？但事實不是如此，無法向外國購買鴉片的中國，就開始大量地種植罌粟，從南方的雲南到北方的滿州，都栽培這種鴉片的原料，而這些原料也成為軍閥內戰的軍事資金來源。不管是體質上或社會環境上，中國人都非常喜愛毒品，是一個依賴毒品的民族，因此，鴉片戰爭結束之後，吸食鴉片的嗜好卻反而普及全國。

　　在鴉片戰爭之後的100年左右，亦即進入二十世紀的1930年代時，據估計，吸食鴉片的人數已經

達到3,000萬人，相當於全國每13人就有1人在吸食鴉片。當時，上海青幫角頭杜月笙所經營的「三鑫公司」，係從事賭博、妓院和鴉片的綜合性企業，其年營業額已達到當時國家年度預算的六分之一。

中國人對毒品的嗜好，絕不會因為國家體制的改變而有所變化。社會主義政權的中國上台之後，仍然和歐美國家繼續就「中國是不是世界最大的毒品製造輸出國」的問題展開唇槍舌戰；也有調查報告指出，中國目前每四人之中就有一人有吸食毒品的經驗，還說，也有整條街道的所有年輕男性都在吸食毒品。

由於受到國際的指責，中國當局現在也不得不積極地開始取締。會不會有成果呢？或是會造成毒品蔓延速度快過取締速度的情形呢？以福建省為例，治安當局舉發的毒品犯罪事件從1992年的72件，增加到八年後（2000年）的3,359件，突然增加了五十倍、這種速度實在令人不敢置信，據說有毒癮的人也提高到21,720人。對這種污染情況，福建省遂於2001年10月頒佈實施「福建省毒品禁止條例」（「人民網日語版」），更在2002年，將福州、泉州和

莆田等地的毒犯25名判決16人死刑，並在福州公開槍決6人。

另外，廣東省在2002年6月破獲了社會主義政權下最大的毒品犯罪集團，除了沒收海洛因375公斤外，也沒入了大量的毒品和不法的毒品交易所得（「人民網日語版」）。中國雖然採取公開槍決和舉發手段，甚至對法國暢銷香水「阿片（Opium）」，因品牌名稱會對青少年造成不良影響，而禁止該香水銷售，但即使如此，還是無法遏止人民吸食毒品。

由於毒品的問題無法在中國國內有效遏止，這個問題也變成了華禍，就如美國所譴責的，中國人一直讓毒品持續擴散至世界各地。

改革開放其實正是讓毒品向世界擴散的最好機會，因爲，國際毒品地下銷售組織透過改革開放建立了「中國管道」，今天，正在從中國經由香港和澳門向歐美擴大之中。當然，日本也難倖免，據推測，日本走私進來的毒品，大約有50%是來自中國，剩下的40%雖然來自北韓，但中國黑幫在走私過程中也有密切關聯。

然而，比毒品更可怕的，是透過偷渡管道進入

海外國家的中國風塵女人。

讓世界陷入恐慌的風塵女人的「出口」

　　現在，在日本應該不會有人再說「社會主義的中國沒有風塵女人」這種話了吧？不過，卻很少人知道它的具體發展和實際狀況，不是嗎？改革開放後假借卡拉OK和美容名義的風化場所正在蔓延，連WHO也以「目前正激增中」來描述這種狀況。而聽說，為了獲得毒品而開始賣春生涯的女性也不在少數。

　　這種女性之所以會持續增加，當然是因為收入高。買春的「價格」，在改革開放剛開始的1980年代是20元人民幣，今天已經急速上漲到100倍的2,000元人民幣。她們被中國黑幫勒索的同時，也一面受到保護，繼續過著出賣肉體的生涯。

　　根據WHO所公佈的資料，中國的風塵女人估計約有六百萬人，光是這個數字，就超過了人民解放軍和武裝警察的總和，也有人認為其實人數更多。根據中國研究學者凌鋒在《北京之春》（2003年11月號）發表的資料，人數竟然高達一千萬人之

多，甚至，也有人說是三千萬人。至於性產業的營業額，有人估計是接近中國GNP的五分之一，這個數字已經是世界最大的賣春國家。

不僅是賣春，中國的人口買賣也很猖獗。根據2004年3月2日的「新華社通信」的報導，在2001～2003年的三年間，揭發的人口買賣為20,360件；因揭發而被解救的人數高達42,215人，其中也有為數眾多的兒童。

男孩子會被當作勞工來賣掉，更嚴重的是女孩子的問題。因為，中國的女孩子本來就不被認為是「我的孩子」，而是被當作一種「商品」來考量，撫養無法變成勞動力的女孩子，目的是將來可以「賣出去」。締結婚姻之際，新郎以聘金的名義把金飾送到新娘的家裏，追根究底，這就是一種「購買」的行為。在北方，仍有很多地方有「共妻制度」存在，這是因為一個貧窮的農民「無法購買」妻子，所以只好和兄弟、友人共同出錢來「買」一個妻子。這種情況，乃是改革開放後人口買賣的行業得以成立的原因。

對世界來講，最頭痛的是她們那種不要命的海

外偷渡行為。根據中國公安部的推算，在西歐、北美、澳洲和日本等國家賣春的中國年輕女子高達53,000人；光是在日本，就有27,000多人（《動向》2003年2月號）；曾經以東南亞籍佔多數的台灣的風塵女子，今天幾乎都是從中國渡海而來的「大陸妹」，粗估人數比1萬人還多出很多。

在台灣，有專門收容中國偷渡客的「大陸地區人民新竹處理中心」。1999年時，收容的人數當中只有6%是女性，2000年增加到22%，2002年更提高到80%，其中約有半數都是從事風塵行業。實際上，2001年台北市所查獲的性買賣介紹所，就有九成以上的風塵女子是大陸妹。

不用說，這些人幾乎都是偷渡客，其中也有居住在大陸沿海地區的女性是抱著遊玩的心態渡海過來的，因為她們聽說在中國工作幾個月的收入在台灣只要一個晚上就可以賺到。而擔任仲介的蛇頭，也有很多人同意等到她們工作賺錢之後才付偷渡費，這也是大陸妹竄增的原因。

這股浪潮，也湧上了日本。據日本《2002年版警察白皮書》指出，「2001年在風化場所工作的外

國女性總共有1,193人」，其中「中國人急速增加到426人」。當然，並非所有的女子原本就在中國從事賣春工作，有關這一點，該白皮書也明白地指出：「這些女性被當地的掮客和國內仲介人欺騙後帶進我國，國內的仲介人和色情行業的經營者，再以積欠大筆入境費用的名目扣留護照，並強迫她們賣春。」

雖然理由並非如此單純，但是，她們一心以海外為目標的背後，誠如第四章所述，在中國確實有很多年輕人想到國外去追求夢想。由於都市和農村的差異，青年們首先會往沿海地區移動以追求夢想，在那裏若無法得到滿意的工作，則結果可能會成為風塵女子，或者為了追求更高的收入而遠渡海外；另外，也有些女性深信只要到國外就能成功，因此，遂在毫無目標的情況下遠赴海外，結果卻陷入《白皮書》所提到的窘境。或許，像台灣的大陸妹抱著遊玩的心態來到語言不通的日本的女性不多，但不管如何，中國出口了很多的風塵女子倒是不爭的事實。

當然，在日本和偷渡國之間暗中活躍的是蛇頭

所經營的偷渡業。女性們也相信，即使借了一大筆的金錢，只要能到國外的話，就能夠立刻把借的錢還清，因此，就尋求到蛇頭的偷渡管道，並讓蛇頭成長爲「世界最大的金融資本家」。這種結果擴散出去之後，不用說，就是「華禍」。中國風塵女子的海外發展，也把毒品和愛滋病帶到世界各地，在世界投下了一個可怕的華禍陰影。

再說，在日本一談到外國的風塵女子，往往馬上就會聯想到新宿、歌舞伎町等地，其實，她們已逐漸擴散到首都近郊的街道和地方都市。換言之，華禍正在蔓延的地方，並非是抽象性或不關緊要的地方，而是每一個人的日常生活圈，也不單單是一部分的地區，而是到了日本列島的每一個角落。

順便一提的是，連把風塵女子當作重要收入來源而不去積極取締的中國，在1984年逮捕的人數是12,000人、1989年是10萬人，而1992年以後則增加到25萬人（中央人民大學播援銘教授著《存在與荒謬—中國地下的性產業》）。從逮捕率只有10%的情況推算，光是想到實際的數量，也會讓人聳起鷄皮疙瘩。

過去和現在都是匪賊國家的中國

　　一談到中國，馬上讓人聯想到的是「匪賊國家」、「強盜國家」。從歷史上來看，不管是社會性、政治性甚至文化性，都是匪賊國家。

　　這種情況表現在大家所熟悉的描寫梁山泊故事的《水滸傳》中，也就是說，大抵上，在中國的小說和文學中，如果沒有匪賊出現，就無法成為讀物，因為，中國就是那種匪賊文化的國家。對中國來講，這種社會結構是不可欠缺的一部分。

　　譬如，戰前的中國就被認為是一個「有山就有賊、有湖就有匪」的匪賊猖獗的社會。在二十世紀初期，據估計，匪賊的數量有2,000萬人，為正規軍的10倍，由於有這麼多的匪賊，因此，對那些敵對者或不喜歡的人物與集團，就加上「匪」字來稱呼，像官匪、兵匪、學匪、赤匪、毛匪……等等。

　　本來，改朝換代這件事，實際上就是「盜國」；而「革命」這個漢字的意思，也在說明當承受「天命」的皇帝一旦政治敗壞的話，其他的人就會把它消滅，讓「天命」獲得「革新」，換言之，也還是「盜國」

的意思。過去，紅衛兵在文革中喊得漫天價響並吸引日本前衛文化人的「造反有理」，也是同樣的道理。

在社會主義革命後的人民公社的時代，可以看到匪賊已經成為中國的歷史名詞。但改革開放之後，它又復活了。

根據最近中國公安機關的統計資料顯示，目前，中國有組織的職業強盜集團有5萬多個，成員約1,000萬人，每年的搶劫金額約1,000億人民幣，平均每人搶劫1萬人民幣，如果是在10年以前，每個人都變成了萬元戶，換算成日圓時，約等於15萬日圓，雖然比國外的中國強盜的收入低，如果把經濟差距考慮進去，也絕不是小數目；另外，從人口的比率來看，現在的1,000萬強盜雖然比戰前的2,000萬人少，但還是比人民解放軍的人數多。

不過，比這種統計數值更需注意的是，中國強盜的凶惡化和多元化正在逐步加強。治安的惡化給中國的商業和旅行帶來極大的危險性，雖然人們到那裏都可看到「消滅四匪（車匪、路匪、船匪、搶匪）、保衛四化（四個現代化）」的標語，但盜賊還是

愈來愈猖獗，凶惡程度也愈來愈高。

　　以車匪為例，嚴重程度已超過了日本人所想像的公車強盜，有組織的暴力集團會襲擊長途汽車和火車，他們分成數人一組來脅迫乘客，把所有值錢的東西全部搶走；乘客只能以「保住性命就好」的心態，耐心等待他們揚長而去。這種案件每年發生數萬件，像從1992年的農曆春節起到隔年的農曆春節的一年間，就發生了52,000件，雖然當年處決了高達3,700名強盜犯，但發生的件數卻沒有減少的現象。

　　在被稱為「犯罪天堂」的中國，拘留所中經常有300～400萬人被拘留著（《爭鳴》2001年12月號）。這樣講，讓人以為中國政府正在嚴格取締，事實上並非如此，這就是中國社會，是日本人無法理解的社會結構和權力結構。

　　譬如「黑道」（China Mafia）這個東西，根據中國公安當局公佈的資料，目前，國內的人數有2,000萬人，這個壞事做盡的黑道組織，由於擁有充分的資金，往往和共產黨的幹部維持著密切的關係，在地方上甚至被稱為「第二個政府」；又如車匪

集團的「鐵路游擊隊」，即擁有足以和警察對抗的組織力和武力，據說其成員不乏共產黨員、公安幹部和鐵路高級警官。

在日本，政府機關和政治家的腐敗常會被新聞報導出來，這種情況完全和中國不一樣，因爲，中國黑道和中國的權力體系有著密不可分的關係。如果是在日本，只要受到一點點的懷疑，就會立即被媒體報導出來並接受國民的批判，但在中國，由於媒體都受黨的控制，它的報導完全不能相信。

中國有一句順口溜說：「公安公安什麼都貪，稅務稅務什麼都污。」公安警察不僅有匪賊的成員存在，連警察本身也不能相信，他們保護的不是民衆，而是罪犯，即使發生了案件，沒有賄賂就不處理，但如果和自己的利害有關，就會去行使逮捕和拘留等等警察權。所以，從民衆的角度來看，這裏到處都是敵人。

公安和武裝警察所擁有的武力也被活用在黨內的權力鬥爭上。1989年的天安門事件發生後，爲了想對抗鄧小平的權力和人民解放軍，江澤民就曾主張把公安和武裝警察的人數增加到六百萬人。

在日本列島囂張跋扈的中國罪犯

在中國國內囂張橫行的匪賊經常被輸出到世界各地去，已經是不爭的事實，不僅如此，還有一部分的留學生在出國之後也立刻變成了強盜或竊賊，對世界各大都市展開襲擊，這就是困擾世界各國的中國強盜問題。

尤其日本，事態更為嚴重。對已經被徹底灌輸反日教育的中國人來講，不但對殺害日本居民沒有犯罪意識，反倒認為是報仇和愛祖國的英雄表現。因此，即使只是強盜事件，也會極輕易地拿菜刀猛刺毫無抵抗能力的人，或拾起石頭敲破對方的頭顱。

本來中國人就有「戎狄此物，欺之不能謂不信，殺之不能謂不仁，奪之不能謂不義」的強烈華夷意識，尤其對那些被徹底灌輸反日教育的現代中國人來講，殺害倭夷和倭豬這種事，是完全不會有任何犯罪意識的。

而且，日本政府和警察又怕中國人，因此經常讓罪犯在眼前逃逸；更何況，日本的拘留所對中國

的凶惡罪犯來講，儼然是天堂。比起被強制遣返，倒可以把拘留所當作安居之地歡歡喜喜地住下來。

結果，中國人在日本的犯罪，因為中國偷渡客、就學生和留學生的急速增加，而有凶惡化的傾向，並已成為日本的社會問題之一。

80年代在日本的中國人犯罪事件，大部分都是因為上海幫和福建幫等中國黑道幫派之間的火拚，或向中國人經營的色情業收取保護費，或是因為色情場所掛著「禁止中國人進入」等原因而發生。由於中國人的入境人數急速增加，凶惡化的犯罪正在全速進行，從偽造預付卡、地下銀行、扒竊以至於殘暴殺人等等，不勝枚舉。另一方面，中國國內的凶惡化犯罪也有急速增加的傾向，就像國外所見到的一樣。因此，中國國內的暴力犯罪可以說是正在往世界各國出口。

目前，在中國國內被稱為六害、七害的強盜殺人、賭博、毒品買賣、色情交易、人口買賣、詐欺、新興宗教集團的犯法等中國式犯罪，正慢慢地朝日本列島登陸，幸好其中的古墓盜挖、兒童誘拐和車匪路霸(公車強盜)等之犯罪，在日本倒還沒有

看到。在日本，中國人犯罪的案件已經佔外國人犯罪總數的一半左右，而中國人的犯罪方法，像殺害恩人與屠殺，這些過去日本從來沒有看過的犯罪，大眾媒體已經常有所報導，事實上，這些犯罪方式似乎已經超過了黑社會內部規範，對一般市民造成生活上的威脅。

中國留學生殺害如同父親一樣照顧他的人，讓日本人很難理解。在記憶猶新的「福岡滅門事件」中，從殺人手段那麼殘忍看來，很多專家都指出這種案件應該是懷恨的人所做的仇殺案，實際上後來卻只證明是中國留學生臨時起意的殺人事件而已。

中國留學生雖然透過中國的掮客來到日本留學，但是學費的籌措卻足以讓父母親殫精竭力；另一方面，在長期經濟不景氣下的日本，連曾經被認為是苦工的行業，也不是那麼容易可以進入。因而，原本單純認為只要來到日本就能過好生活的留學生，為了一夕致富，只好淪落為強盜了。更讓人擔心的是，留學生被中國黑幫唆使犯罪的例子不斷發生，以日本人的觀點來看，即使在海外生活，也很難想像到因為同樣是日本人，就這麼簡單地加入

當地的犯罪組織，中國人社會就是這麼容易，且理所當然地發生。

在留學生之中，雖然也有只為了進入日本而以留學的名義取得簽證的中國人，但是也有想要像海龜一樣成長之後回到產卵地、將來成功回去中國而真正考慮來到日本的人。但不管如何，卻都已經形成了國際盲流的洪水，正威脅著日本市民的生活。在日本的黑道中，目前或許還存在「不對一般人動武」的原則，但是中國的黑道卻完全沒有這回事，中國的黑社會正慢慢地侵蝕到「表面」的一般社會，就像那些趁著屋主不注意時把房子吃掉並讓它崩塌的白蟻一樣。

根據警察廳、法務省和海上保安廳的調查，2001年逮捕的外國罪犯超過了14,000人，其中，人數最多的是中國人，佔44%；而在強盜等凶惡案件中，也以中國人為最多。總而言之，中國人的暴力犯罪已有逐漸擴大的趨勢。

目前，日本的拘留所都因為大量收容中國人而客滿，某位日本防衛大學的教官說，這些人的伙食費待遇，比日本的自衛隊的預算還要多。對中國人

罪犯來講，日本的拘留所非但不是「豬舍」，簡直是天堂，已經沒有比這個地方更好的安居之地了。不過，還有比上述更嚴重的問題，那就是，很難逮捕那些逃回祖國的犯人。

中國國內的暴力犯罪已有愈來愈嚴重的趨勢，尤其青少年犯罪的凶暴化和低齡化越來越嚴重，中國青少年的犯罪率已經佔全國犯罪率的80%，這些像過去的紅衛兵的第二世代的凶暴化，讓人不忍卒睹。

中國人在日本犯罪的凶惡化，雖然會和中國國內的殘暴化連動，但是，最近的日本媒體卻對中國人的暴力犯罪，避免使用「中國人」這幾個字，而改用「外國人」來稱呼，這種傾向大概是屈就於中國政府的要求吧！然而，把所有的中國人罪犯都當作是一般的「外國人」來處理，難道就可以抑制中國人的犯罪行為，甚至保護言論自由嗎？

也會讓西伯利亞冰原溶解的中國國際盲流

當看到「進入西伯利亞的中國偷渡客每年有50萬人」的報導（產經新聞）時，比起去懷疑這個數

字，本人倒是得到了一個強烈的印象，那就是，這是一個眼睛看不到的文明史的轉換。

每年50萬人這個數字，如果從擁有13億人口的中國的角度來看的話，並不是難以想像的數字，換句話說，如果從每年有近億的盲流從農村湧入都市這件事來考量的話，那麼，這個數字充其量只是0.5%的盲流進入冰封的西伯利亞而已，不是那麼不可思議；另外，在十九世紀末期，當滿州這個禁地解禁時，接近無人狀態的滿州的曠野突然湧進了中國的難民，讓人口一下子暴漲到當時滿州建國之際的3,000萬人，之後，每年也有平均100萬人以上的難民繼續越過萬里長城而進入滿州。

本來，長城以北的關外和塞外，對中國人來講是夷狄之地。但是，在戰後的短短半世紀中，就有可以和日本人口相當的1億2,000萬人移民到這個長城之外的地方。如果能夠瞭解以上的事實，每年50萬人的西伯利亞中國難民也就不值得大驚小怪的了。

如前所述，本來所謂中華文明就是南向的文明，約四千年前誕生於黃河中下游流域的華夏之

民，數千年來不斷南下到揚子江的江南和嶺南地區開墾；之後，到了近代，也還是翻山越海繼續南下到東南亞地區。在數千年的歷史中，漢民族首次轉為北進的時期，是十九世紀末期滿洲准許移民滿洲之後開始的。不過，移居到西伯利亞冰原，則完全是受到二十世紀末期的改革開放的餘波所激盪。

最初的中、俄國境，是在清朝全盛時期的康熙和俄羅斯帝國彼得大帝所簽訂的尼布楚條約（1689年）時決定下來的。當時，俄羅斯是採東進政策，持續朝西伯利亞開發，有一種和美國開發西部反方向進行的拓荒精神；另一方面，俄羅斯也沿著黑龍江（阿穆爾河）南下逼迫清朝，面對威脅的清康熙也只好北上展開「羅禪（俄羅斯）遠征」。其結果是，在兩個帝國的最強盛時期決定了國境。

之後，雖然兩大帝國到1858年的璦琿條約為止，在將近200年間，都以此做為疆界，但事實上，尼布楚條約之後，清朝還是繼續擴張版圖，甚至擴大到西域。

戰後，中國人所主張的「西伯利亞是被俄羅斯所掠奪的固有領土」，其實是毫無根據的。赫魯雪

夫曾提出警告說：「中國的國境自有史以來從未越過長城，長城是中國人自己築造的人造國境。如果還是根據古代的神話繼續進行沒有道理的領土主張的話，則等於是在做戰爭宣言。」

赫魯雪夫的警告雖然讓中國暫時安靜下來，但是，當時的中國正於文革中遭遇到內部的各種難題，遂於1969年利用珍寶島的中俄國界糾紛，以「勇敢的戰鬥」、「勝利、勝利」等宣傳技倆來欺騙民眾。

西伯利亞是未來美國也期待的資源豐富的未墾地。不，與其說是未來的美國，倒不如說是加拿大吧。從緯度來看，中國的國際盲流的北上，遲早也會改變這片冰原世界，讓生態系遭到破壞，使地球的溫暖化越來越嚴重。在中國的本土上，自1949年的社會主義政權開始之後，雖然制訂了大規模的造林計畫，但是森林面積卻比當時的12%大幅減少到8%，中國的環境保護意識顯然相當的低。

如果不從國際政治學，而只從生態學的角度來看，則中國人若在21世紀的中葉或末期遍佈整個西伯利亞的冰原時，那麼，地球自然環境的浩劫將從

此展開。

　　再者，在海參威等俄羅斯沿海地區，華禍的可怕也正在現實生活中出現，由中國人經營的賭場開始四處蔓延，當然，這是因為中國黑道的地下活動更加活躍的結果。

中國新娘遠嫁非洲大陸的盤算

　　2004年2月，訪問非洲加彭共和國的胡錦濤，曾以「強化中國和非洲傳統友好關係並推動全面性的合作關係」為題進行演說。本來，中國人對黑人的種族歧視就比南非嚴重，如果從中華思想的本身之外都是野蠻未開化民族的「華夷思想」這種觀點來看的話，則所謂「種族歧視」其實就是指「人獸歧視」而言。

　　在改革開放後的中國，這種思想的確沒有改變。正如「北京愛國，上海出國，廣東賣國」這句話所說的，中國人在心理上和行動上的變化，會因地方不同而出現各種不同的特色。比廣東沿海都市的開發落後一步的龍頭上海，在進入80年代之後，靜悄悄地出現一股出國熱潮，那就是，非洲各國的留

學生、生意人或外交官變成了上海女性競相選擇的婚姻對象，因為不管從社會地位或生活環境來看，嫁到非洲都是最快的出國捷徑；而且，只要到了非洲，就能夠立刻把全家人呼喚過來，甚至也能夠讓全部的親戚宗族離開中國，這無疑是實現中國傳統孝道的最有效方法。

如此一來，中國新娘也可以把非洲做為據點，然後嫁到歐美，以至於全球各個角落。當然，不管是台灣或日本，也有中國新娘的到來，但中國新娘在日本的結婚對象是老人，或娶不到新娘的農村子弟。在這種情況之下，中國新娘遂逐漸成為今天最大的社會問題，我們可以從台灣的現狀窺知一二。

中國新娘和台灣男性結婚的人數，在2002年年底時已經達到了18萬人，其中，有3,700人結婚超過三次以上、並且還在不斷地再婚中，甚至還有兩人結了九次婚，此外，結婚八次的有3人、七次的14人、六次的56人、五次的128人、四次的491人、三次的3,000人，這種再婚率超乎想像。另一方面，中國新娘和70歲以上的台灣退伍軍人結婚的人數也有8,000人，她們的年齡都在40歲以下，不只

是夫妻的年齡差距像父女，甚至也有像祖父和孫子的情況存在。

很明顯地，很多例子都是以取得遺產為目的，因此，台灣的民進黨議員曾經在會議中提出假結婚等嚴重社會問題的質詢。

假結婚是從1987年台灣開放兩岸探親和1992年開放兩岸通婚之後，才急速增加的。在台灣結婚的中國女性，有一半以上被認為是假結婚，因為，根據台北市的資料，在2002年結婚的3,266對夫妻中，有555對（女性為中國人者是551對）離婚，其中有258對是一年不到就離婚，假結婚的事實幾乎是無庸置疑。

這種情況，也是中國惡名昭彰的「一胎化政策」所造成。前面曾經說過，對中國人來講，女孩子就是「商品」，中國人在繼承家業的考量之下，想要的是男孩，不是女孩，因此，生了女孩也不會去申報戶口，等到她們長大之後，沒有戶籍的她們就帶著偽造的護照來到台灣，或同時也偽造台灣男性的身份證來提出結婚證書，在很多場合下，這種目的都是為了賣春。曾經，台灣取締10位大陸妹時，竟然

發現她們的結婚對象都是同一人，依規定，由於離婚後還可以留在台灣三個月，因此，她們就利用這段期間賣春賺錢。

再說，上海自1997年以後，國際通婚的人數也不斷地增加，結婚的對象包括日本和美國在內的世界50個國家的人民。

今天的中國雖然還在進行「反日教育」，但是，根據上海市民政局和上海華東師範大學所做的國際通婚調查「白皮書」的資料顯示，上海女性的最理想結婚對象是日本人，以39.6%取得第一，第二名為美國人的9.1%、遠落後於日本人。當然，這並不是日本男性有高學歷而且誠實，因為，從結婚後的高離婚率來看，顯然有其他的原因。

根據日本出入境管理辦法的規定，只要是日本人的配偶，就可以取得正式的居留資格。依據警視廳的調查，自2003年春天以後，以留學或就學的簽證而從事非法打工，或以結婚而在色情業合法工作的例子，已有越來越多的趨勢。

當然，入境的方法有很多種，包括以偽造的護照入境，或和泰國等東南亞的政府官員結婚而取得

正式護照，或躲藏在蛇頭經營的漁船或貨櫃船偷渡進來等等，不一而足。今天，日本正在面臨和台灣一樣的大陸妹的問題。

中國盲流每年超過100萬人侵襲歐美國家

2004年在北歐的瑞典，我聽到朋友說，光是這幾年，中國人增加了數萬人；在東歐，印象中，大都市也都充斥著中華料理店；而2003年底參加國際會議時，阿根廷的代表也在會中報告說，只這幾年，中國人就增加了6萬人。

加拿大的溫哥華不知在什麼時候出現了一個巨大的中國城，新聞報導也說多倫多每個月有5,000位的偷渡客；而當SARS的陰影籠罩全世界時，加拿大的發病人特別引起注意的事仍記憶猶新；另外，美國紐約的Flashing，擠滿了中國人，連立錐之地都沒有，朋友也說，每年有數萬人的中國偷渡客進來，因此，這幾年來的地價是倍增、再倍增。

改革開放之後的這幾年來，中國的國際盲流到底有多少人湧進了歐美國家呢？

根據中國公安部的資料，從90年代中期開始，

每年有110～120萬人由中國偷渡到歐美國家，偷渡客大都來自福建、廣東、廣西、浙江和山東等地，而偷渡的目的地則依序是美國、加拿大、英國、法國和德國（《爭鳴》2001年4月號）。

當然，移居到海外的人並非全部都是用偷渡的方式，也有人是先以合法管道進去，然後再以不遵守居留期間的非法居留方式留下來的，像2000年在中國取得出國許可的人有312萬人，其中，到了2001年4月底的逾期居留期間卻仍未返國的人就有41萬3,000人，這些幾乎都是滯留在歐美國家沒有回來的人，他們攜帶出去的外匯達到12億5,000萬美元（《爭鳴》2001年6月號）。

從中國出走的最好方法就是成為留學生，一旦以留學生的名義出去之後，會再回國的人不多。2001年12月號的《動向》就指出，有33%的公費留學生和89%的自費留學生都沒有回國，尤其，獲得公費留學的黨高級幹部的子女，有88.7%在取得歐美國家的居留權後就不回國。最近，到國外留學取得技術和知識後回國而甚為活躍的「海龜派」非常受到矚目，其實他們大部分都是留學失敗、或是因為

某種原因而無法繼續留在國外的人。

目前，中國最大的問題是政治貪污，大家都知道，高級黨工幹部的1%，擁有國家一半的資產，每年從中國帶走的國家資產更達到國家預算的六分之一；而為了逃亡，利用非法管道來取得外國國籍或外國居留權的人，據估計約有15,000～20,000人。

橫行於歐洲的中國暴力犯罪份子

大家都知道，在世界各大都市之中，最骯髒的地區就是中國城。紐約客經常抱怨說，各國的觀光客只看過中華街之後，就錯誤地認為這就是紐約，其實，新聞評論偶而也會提到，除了中華街外，紐約市是一個乾淨的城市。

這種情況並不限於紐約，在70年代，本人第一次看到洛杉磯的小東京和中國城時，就覺得兩者實在有天壤之別，畢竟，還是日本人比較愛乾淨。

中國城除了不乾淨之外，以中國城為中心的暴力犯罪也正在到處出現，首先是各幫派的地盤爭奪戰，然後再慢慢地演變成多元化和暴力化，到最後

則幾乎變成了犯罪的中國化，因為，不管到那一個大都市，電視一打開，似乎都會出現很多中國人的暴力犯罪新聞。

拿歐洲來講，付1～2萬歐元給中國黑道後順利進入法國的中國人，在前面等著他們的，不外乎偷渡組織的監禁和脅迫，光是在2002年，巴黎的司法警察就處理了43件中國黑道和偷渡客糾纏不清的事件；而且，也有中國黑幫以「語言進修」的名義，有組織地將250位年輕人分成數人一組，先向各地的警察等單位要求福利機構的收留，等到取得法國的國籍後，再招呼家人過來居住；此外，2001年還沒有中國風塵女子的報告，到2003年時卻出現了50人，華禍的確慢慢在擴散中。2002年，法國拒絕了4,500位中國人的入境申請，比2001年增加了75%。

在德國，於2003年1月至3月之間所逮捕的非法居留者，也比前一年同期增加了176%。另外，於2002年訪問奧地利的日本法務大臣，也針對中國非法居留者的共通問題，和奧地利政府研商對策。

中國國際盲流進入歐洲，並不只限於這幾個國

家。於Slobodan Milosevic時代和中國締結外交強化關係的南斯拉夫，由於今天對中國人的入境限制比其他國家寬鬆，中國人會把它當作墊腳石，再往匈牙利等舊東歐國家擴散。另一方面，EU運作之後，加盟國家之間的移動變得比較容易，已有越來越多的中國人正在滲透進來，有很多經常訪問歐洲國家的人也都覺得中國人的確是在增加之中。

在英國國內，三合會(Triad)已於二十世紀初期建立組織，此後，就經常發生流血事件。三合會是在清朝時代誕生的秘密組織，鴉片戰爭的時代當然不用說，即使到了今天，它還是繼續從事毒品、色情、賭博和偷渡等國際性行業，把華禍散佈至世界各地。曾經，鄧小平訪問美國時，三合會還因為一手包辦護衛的工作而成為注意的組織。

匈牙利在2004年順利加入歐盟之後，因為匈牙利鄰接南斯拉夫，利用這種便利性來進入其他歐盟國家的中國人當會更多。

中國人在世界各大都市的犯罪方式，大部分是詐欺、強盜和殺人，但也陸續犯下不少讓人相當無法理解的殺人事件，例如，在美國的大學校園，就

曾經發生過同樣是研究人員的好朋友，只因為自己沒有得獎，然後就在誤會和怨恨之下，將全部的委員會教授成員都射殺的重大事件。

來到歐美日的中國偷渡客都會外出找工作，因此，大部分人都會和蛇頭維持關係，如此一來，就會有各式各樣的約束，到最後很多人就不得不走上犯罪的道路。世界各大都市的詐欺和暴力犯罪，未必都是和中國黑道幫派有關，但也有很多留學生和就學生禁不起金錢的誘惑而犯下滔天大罪。歐美國家不是中國那種「不信任社會」，因此，對中國人來講，歐美國家簡直是犯罪者的天堂。

拉丁美洲是中國人的新偷渡樂園

東南亞之所以被福建和廣東的沿海居民當作移居地，並成為華僑非常活躍的場所，主要原因是擁有豐富的自然資源，不過，勞力不足也是因素之一。在文化方面，東南亞是虔誠的佛教徒和伊斯蘭教教徒的居住之地，對世俗化的中國人來講，是最好的賺錢場所。因此，東南亞的華僑有很多是成功的企業經營者。

今天，拉丁美洲正在逐漸成為中國出走者的最後樂園，因為，這裏有和東南亞類似的幾個條件。

首先，在自然環境方面，拉丁美洲和東南亞一樣，極容易過活；其次，這裏的居民幾乎都是虔誠的天主教徒，同時，他們樂天知命，人與人之間也不會像中國人那樣勾心鬥角。因而，對除了金錢以外什麼事情都不關心亦不感興趣的世俗化的中國人來講，拉丁美洲無疑是最好的收割場。當拉丁美洲成為中國人出走中國後的最佳釣場後，這幾年來，中國人的人數正以每年數萬人的幾何級數快速地增加之中。

如果想要以留學的名義入境，或想要發財的話，則歐美日是理想的國家，因而，光是偷渡入境的人數每年就超過100萬人。不過，在先進國家之中，不管是學術界或是企業界，能夠成功的中國人畢竟只是少數，連想要在中小城市開一家發揚國粹的中華料理店也都已經超過飽和了。

而且，長期在先進國家做苦工也相當煩人，何況居留權或國籍也不是那麼容易取得，再加上一說到中國人就會被聯想成罪犯，全球性的評價不好，

因此，曼谷周邊經常有10萬中國人在伺機而動，暴力事件當然也會急速增加。

中國人的犯罪組織在世界各國都設有基地，這些基地並非全部都是非法的組織。在世界各國從事合法活動的基地，會和當地的權力中樞掛勾，以建立勢力範圍，如此一來，他們就可以在全世界的「一般社會」上慢慢露面，所以，如前所述，中國人進入南斯拉夫境內，根本不必等Milosevic政權和中國政府的密約生效，尤其，已和中國人混血的菲律賓和泰國等亞洲國家，其政府組織早已被滲透進去。

10年前的1994年，搭載24名台灣旅客的「海端號」失蹤，之後，在千島湖發現全部團員被殺害並焚屍，當時，對中國政府高壓封鎖且不誠實的態度，李登輝總統曾說「中國是土匪國家」。本來，中國就有都市被官僚、農村被地主、剩下的山和湖被匪賊所統治的歷史，因此，跟不上經濟發展的地區都成為匪賊控制的社會結構，而這個結構在社會主義政權成立之後，因為受到共產黨的箝制，只好經由香港和台灣向海外擴散，不過改革開放之後，它

又再度在中國國內復活起來了。

在千島湖事件中，大家都相信人民解放軍涉入其中，因爲人民解放軍對武器的取得和操作都內行，解放軍有組織地和走私活動掛勾早已是衆所皆知的事實；而且，中國最大的黑道組織「新義安」和中國的諜報機關有牽扯，亦是大家都知道的事。換言之，在社會主義政權下逃往海外並在海外建立的基地組織，正在和中國國內復活的組織結合，開始向全世界擴張勢力，不，這已經不是「開始」的階段了，今天，從它的鱗爪已經在一般的社會上頻頻暴露來看，它的滲透力量無疑是既深且廣了。

曾經以荷蘭爲據點而進行毒品買賣的「十四K」，也已經在倫敦建立據點，更準備進入美國發展；而在美國，目前已有「新義安」正在以紐約爲中心向全世界擴張，如此一來，主要的中國黑道都將會在美國昂首闊步；至於在日本，這個浪潮也正在蜂擁而來，就如同我們所看到的一樣。

第六章

威脅全球經濟的
仿冒品與偽中國

「在中國，不會說謊話的人只有騙子。」

針對共產主義國家，獲得諾貝爾文學獎的蘇俄作家索忍尼辛曾經這樣說：「這是一個謊言的國家，所有一切都被謊言所佔據，毫無謊言以外的東西可言。」

簡單來講，共產主義國家是靠謊言而成立的，也等於說，無法從接受共產主義國家教育、並在當地成長的人的身上，找到任何和謊言無關的東西。因此，索忍尼辛認為：「只有停止謊言，才能夠從共產主義制度的桎梏中解脫。」

光是共產主義制度就已充滿謊言了，如果又加上中國這個前提的話，又是如何呢？本來，中國五千年的歷史就到處是謊言所寫出來的東西，再說，中國人更沒有「為了社會發展」的這種意識存在。甚至，在1990年代的初期，還流行著「為了生存，必須大膽」的話語，這裏所說的「大膽」，指的是漠視法令或倫理道德、什麼事都做的意思。雖然「日本軍國主義化」的口號煽動了愛國主義，但是這種愛國心並未擺放在中國的經濟發展上，畢竟，對中國

人來講，最重要的還是自己。

共產主義體制加上中國傳統的「加倍謊言」時，光是想像就讓人覺得可怕，對這種狀況，連朱鎔基前總理也都承認的確是事實。

朱鎔基感嘆說：「中國全部都是謊話，不會說謊話的人只有騙子。」意思是說，中國還有「不說謊」的騙子。

在這個朱鎔基認為「不說謊的人只有騙子」的中國內部，詐欺行為正在四處橫行，就連股票市場也成了可以較量詐騙手腕高下的賭博市場，企業的假財報、舞弊和賄賂都是茶餘飯後稀鬆平常的事，甚至還被指稱是「超越賭場的無法地帶」。近幾年來，法院受理的債權債務或是經濟糾紛的訴訟案件，每年約有300萬件，對這種狀況，中國經濟學家也提出了嚴重警告，卻始終不見任何改善，反正收賄的人就是政府官僚和共產黨幹部，所以，也別想指望會有什麼根本的改善了。

當然，也出現了「不會說謊話的人只有騙子的這種說法太過誇張」的反對論調。根據中央政府工商部門的統計數字，目前，在中國國內每年訂定的

契約約有40億件，其中約有半數不履行，不過，這也等於證明「至少還有半數不是騙子」。如果從全球的股票交易常識來考量，即使只有半數是騙子，也是相當可怕的。吾人總覺得那些「不是騙子」的契約履行者，也會以契約的履行做為擋箭牌，而進行不合法、賄賂和詐騙的行為。

不只股票市場如此，在中國國內，還有仿冒名牌、詐騙廣告、偽造傳票、假藥、假警察、假結婚、假學歷、偽造証明和偽造死亡証明等等各種日本國內絕對無法想像的偽造品氾濫，大膽行騙的詐欺行為四處橫行。

所以，對朱鎔基的「不會說謊話的人只有騙子」這一句話，本人僅有的解釋是「好像不是說假的」，至於他所說的其他謊話，本人可就不得而知了。

由於到處充滿著欺騙，因此，提倡「兵不厭詐」的「詐術」理論的孫子和吳子等兵法家相當受到尊敬。歐洲的大思想家孟德斯鳩和康德，也都認為中國人是騙子；江戶時代的國學者賀茂真淵也曾寫過：「唐朝是一個人心特別醜惡的國家。」新渡戶稻造也曾怒斥中國人是「不以欺騙行徑為恥的厚顏無

恥的人種」。

　但是，很多日本人卻不知道這個事實，例如，中國古典的「論語」或是與孟子結合的「孔孟之道」，自古以來就被日本人認定是一種倫理，學校課程裏也加入了漢文課程。姑且不論其是非，日本人對中國懷著無限的幻想是不爭的事實。

　所以，只有誠實的日本人由於不知道中國人是「異星人」、不是跟自己同文同種的人，才會一而再、再而三地被中國人欺騙。

中國人的歷史捏造就和它的歷史一樣久遠

　對日本，中國採取強迫「教導」有利中國的歷史觀點，並捏造歷史；而對印度，雖然雙方為了爭取亞洲領導權而長期對立，但是，中國卻不採取強迫灌輸的方式。因為，印度雖然是宗教民族，但是跟世俗化民族的中國人完全相反，對歷史幾乎不感興趣，所以就算中國想要強迫灌輸歷史觀點，印度也不會理睬。

　至於俄羅斯，中國雖然實施俄羅斯侵略中國的歷史教育，但並不強灌中國的歷史觀。如果中國所

主張的「從西伯利亞到中亞的土地都被俄羅斯所掠奪」的這種史實是真，那麼，中國應該可以堂堂正正的把自己的觀點灌輸給俄羅斯，之所以無法這麼做，主要原因也是對方不會理睬之故，其次是，直到目前為止，俄羅斯根本沒有歸還中國所主張的「被掠奪的領土」。

另一方面，鄰接中國的越南，直到1979年的中越戰爭為止，約有一千年的時間都在中國的長期侵略之下。1949年新中國成立後不久，越南就承認這個國家，二個月之後，中國也承認了越南，爾後由於越南對中國表現了信賴的態度，往往被外界誤解為兩國之間擁有良好的國際關係，其實不然，在南越的歷史教科書中曾經記載著中國的越南侵略史，從越南人的角度來看，揚子江以南的百越和南越是越南人的祖先之地，古代的大越國的首都就是今天的廣州。看來，周恩來當時答應將海南島歸還給越南也是一個謊言。

所以，中國人才是侵略者，也因此越南對中國人感到極度的厭惡和不信任。基於這種深厚的感情，中國也不敢隨隨便便向越南強迫灌輸自己的歷

史觀。

對韓國又如何呢？2004年1月，中國國家專案小組對韓國呼籲說：「古代王朝的高句麗，是由中國少數民族所統治的地方政權，其歷史是中國地方史的一部分。」也就是說，中國認為高句麗和渤海的歷史並非屬於朝鮮歷史，而是中國地方史的一部分，因此，無法認同韓國的主張。它的意思是說，即使是今天的中國，還是認為朝鮮和韓國曾經是中國過去的領地，換言之，仍有主從的君臣關係存在。

對這些國家，中國會視其歷史而採取不同的態度，如果從這一點來看，基本上將有助於我們瞭解中國的行為模式，那就是，把自己的歷史觀和歷史認識灌輸給其他國家是無關於史實的。

尤其是對日本，明明是已經成為過去的歷史，卻仍然繼續說日本是「加害者」，比起戰後，這種說法在進入80年代末期以後更經常被提起，其象徵性意義只是為了表示中日兩國之間存在的君臣關係。而且，中國所灌輸的「正確的歷史認識」幾乎都是「被捏造的歷史」，正因為是「捏造」，所以必須冠上

「正確」的名詞來加以掩飾，從「南京大屠殺」的大製作到「殺光、燒光、搶光」的「三光作戰」來看，我們認為比較正確的看法是，中國所謂「正確」的「歷史認識」，其實都是「捏造」的。

當南沙群島領土紛爭正酣之際，菲律賓海軍在擄獲的中國漁船之中，竟然發現了偽造的中國古代碑文，由此可見，中國對捏造歷史實在是無所不用其極！

當然，中國人捏造經書和歷史，是古已有之的，即使是最古老的《尚書》（《書經》的別名，孔子編纂），從漢代時期開始就已經出現「今文」和「古文」的真偽著作的爭論，由於不單是文字上的差異，內容本身也有很大的不同，因此，就展開了「今古文之爭」。專門研究偽史和偽經的學問，一般統稱為「辨偽學」，目前被列為偽書的大著作已超過一千冊以上。

中國人之所以自古就開始偽造經書，或模仿他人名字來偽造歷史，主要原因都是有政治背景在作祟，也就是說，一般都是把歷史當作政治來思考，經常為了政治的需要而偽造和創作歷史，俾讓主張

正當化。

這種歷史的偽造也是華禍之一，因為，如果對日本灌輸「正確的歷史認識」奏效了，則今後對其他的國家也可以採用相同的手法來灌輸捏造的歷史，而不會讓人懷疑是想要擁有政治上的優勢地位。

把敵對者都當成仿冒品來看待的互不信任關係

中國人最關心的事情之一，是「真」或「假」？因此，在看世間包羅萬象的事物時，也是先從區別「真」或「假」開始。這種對於事物真假的強烈關心，大部分都是從小時候的家庭教育養成的，父母親或長輩對孩子的教育，首先是教導「小心不要被騙」！等孩子長大成少年少女後，也還是不厭其煩地教導「不要買到假貨！小心被騙」。畢竟，中國是「不可一人進廟，不可二人望井」的社會，意思是說，單獨一人進廟的話，可能會被壞心廟主搶劫，甚至被殺害，而二人一起望井的話，則可能被對方推下井裏。

這也是因為有「全部都是謊話，只有騙子才是真的」這種社會背景之故。在戲劇方面也是一樣，

不管是「眞假包公」(眞包公和假包公──中國的「大岡越前守」故事)或「狸貓換太子」(將出生的太子與山貓掉包的戲劇)都是很受歡迎的。

這也是因爲中國社會和文化中充斥著是是非非、眞眞假假的社會背景之故。對於眞假的強烈關心，也發展出了「互不信任對方」的社會，中國人不相信社會，也不相信周遭的人，就連雙親或兄弟之間都互不信任，過去就曾經發生因密告劉少奇和林彪以致招來殺身之禍的事件，密告者正是他自己的子女。

中國共產黨主張的「自力更生」，其實就是「互不信任對方的社會」的再生版，煽動人民「刻苦奮鬥，自立更生」的結果，就是黨中央獲利。個人「爲了黨」而刻意宣誓忠誠，但其實，這是爲了本身的利益都可以把旁邊的人出賣掉的模式，這種行爲模式已有愈來愈強的趨勢。黨中央會利用自己所掌握的權利來營私圖利，然後，在想吸收「餘惠」的人不斷出現之下，互不信任的社會就繼續地被製造出來。

如果「互不信任對方」的中國是「詐騙」社會的

話，則日本社會就是「誠實」的社會，本人經常以如此對比的想法來思考，這大概也是日本人之所以會變成冤大頭的主要原因，即使已一再被欺騙，但到最後日本人還是會受騙。

被成長於「詐欺」社會中的人持續欺騙，卻依然毫無戒心、懷疑心的日本人，可說是加上「笨」字的笨老實人。不過，相反地，如果這種笨拙是「僅牢記笨拙的一種」的話，則將可累積突破「笨拙之壁」的力量。以重建日產汽車而聞名的法國籍經營者卡羅司哥恩，就指出了日本這種笨老實人的優點。

哥恩總經理說，豐田、日產和本田三家公司，之所以會穩坐汽車產業的龍頭地位，絕非偶然，這是因為日本擁有屬於全世界最頂尖的勞動能力，他分析說，日本人「對企業非常誠實、非常盡力、循規蹈矩，這在世界上是絕無僅有的」。對日本人的誠實和工作的忠誠度大為讚揚。

迎接二十一世紀的來臨，雖然很多歐美經濟學家都預測：「今後中國將取代日本，中國的存在非常重要。」但其實，這是因為他們不了解中國和日本不同的地方，所以才會做出這種預測。哥恩總經

理所稱讚的日本的特質，在過去、今天甚至未來的中國是不可能存在的，日本企業衷心實施的「CS」（顧客滿意度），也是中國完全想不到的。光從這些，就可以看出中國和日本的未來。

中國人是一個以自我為中心的民族，對自己以外的人，尤其是敵對者，全都必須冠上「偽」的形容詞，總是主張自己才是正統的中國人，並強調正統、法統、道統。本人從小學教育開始，也被要求對敵對者的所做所為都必須冠上「偽」的字樣，如果忘了加上「偽」字，就會被斥責為「思想有問題」，這是很嚴重的事。

因此，北京政府被稱為是「偽政權」或「匪偽」，1940年被扶植成立的汪精衛南京政府也被稱為「偽政府」，其他如「偽滿州國」也是，只要不被認同是正統或正式的事物，全部都是「偽」，這就是只有自己才是本尊的中華思想跋扈的地方。

恐怖到連醫生和藥房都在強迫推銷偽藥

在「沒有找不到的仿冒品」的中國，於騙人與被騙的過程中，甚至還會危害到人的生命，而會致人

死命的，是有毒食品和假藥。

根據美國「華盛頓郵報」（2002年8月30日）的報導，2001年中國因服用假藥致死的人數總共有19萬2,000人，甚至連2003年爆發SARS事件時，還有假藥繼續出現，實在很難以一般正常社會的常識來想像。

假藥之害的可怕，在於竟然還有使用假藥的醫藥專家，本來，若只是一般消費者的無知而受害也就算了，如此一來，非專家的一般消費者當然更沒有可以瞭解藥品真假的管道了。造成這種現象的原因，在於假藥能夠獲得暴利，所以，連醫院也理所當然地使用假藥，藥局也把假藥當真藥來銷售。

事實上，1998年的「人民日報」也曾報導過，某醫師銷售假藥一年內可獲利約200萬人民幣，這位醫師除了透過媒體廣告販賣假藥外，據說還在人民醫院和人民解放軍的醫院內將私製的藥品賣給病患，並支付高額的佣金給醫院。總而言之，不管醫師或醫院都可以因為假藥而獲利，但民眾則是用金錢來購買生命的危機。

另外，根據衛生部和監查部的調查，在醫院和

藥局銷售的正牌中國製藥品，其價格是成本的20倍，進口藥品更高達50倍，也就是說，由於民眾沒有購買正牌藥品的經濟能力，為了求得心安，也只好購買假藥。

假藥之所以如此氾濫，就像前面說過，醫生和醫院都可以因為銷售「黑心」藥品而大賺一筆。當然，假藥的品質大都是低劣粗糙，不過，由於中國人「只要便宜就好」的心態，將粉底當抗生素、麵粉當避孕藥來使用的例子屢見不鮮。

中國政府自90年代以後所推動的「打假運動」（驅逐仿冒運動），終於也在最近將假藥市場列為打掃對象，由「國家質量監督檢驗檢疫總局」來負責品質檢查，結果，在2001年勒令關閉了1,300家的假藥工廠；2002年1月，浙江省的六九醫院和400多名醫師，更因向假藥工廠收取回扣和使用假藥而遭到逮捕；另外，在2003年秋季，對七種藥品做了停止生產、銷售、使用和取消認證的處分。

雖然如此，假藥市場仍是最賺錢的市場之一。地方政府和媒體聯手合作的假藥廣告，已成為假藥廣告收入和地方政府官員的利益來源之一，這其實

是在政府和媒體的保護與宣傳之下所譜出來的哀歌。

而中國衛生部藥物部門，針對中、西醫共1,150多種的常用藥品進行質量、安全標準和藥效調查的結果，計有980多種被評定爲不合格，其中更有180多種對人體有害。根據《爭鳴》雜誌(2001年5月號)的報導，流通於市面上的藥品共有九成爲不良或有害產品；另外，根據醫藥部的調查，在3,000多種常用藥之中，有2,500多種的質量檢驗不合格；每年更有2,000萬人在使用不合格的藥品(《動向》2001年12月號)。

但這些事實並未被揭發，不僅如此，還捏造歷史並號稱爲「擁有五千年歷史的中醫秘方」，不斷地銷售給外國人，在網路購買的人數更在持續增加。在這個假藥市場中，除了中國人本身已慢慢中毒外，稱爲藥害的華禍正在從中華之地開始擴散至夷狄之域。

不用驚訝什麼時候會橫死！有毒食品在中國的實際狀況

連治病的藥品都如此，每天入口的食品更是不可相信。

　　根據中國國家質量檢驗檢疫總局的報告，在2003年8月進行的全國品質檢查之中，所查獲的惡劣加工食品高達2,760萬人民幣。詳細看完它的內容之後，諒必沒有不覺得可怕的日本人吧？食品色素的不當使用，或使用過時的穀物來製造食品都還好，更離譜的是，據說也有使用病死動物屍體的工廠。

　　事實上這絕不是「隔岸之火」，從日本厚生勞動省所公佈的「不符合進口食品等食品衛生法規定的案例」來看，有很多食品都是從中國進來的。而從「不合格」的內容來看也著實令人害怕，檢驗出含有大腸菌陽性反應是常有的事，而農藥問題至今仍讓人無法淡忘，但到今天卻還有「農藥殘留」的文字標示存在，而且還以日常食用的食品居多。

　　2004年1月1日～12日，中國衛生部接到了重大食品中毒事件的報告，九件之中有三件是由劇毒滅鼠劑所引發的中毒，由於有3人死亡，因此是「重大」事件；此外，還有一件是因飲用使用化學酒精

調製而成的酒所引發的中毒，有4人死亡。

這到底是幾世紀的事呢？雖然有這樣的疑惑，但其實，生活在有毒食品之中也是中國的傳統。尤其是假酒，1985年時曾經在陝西省鳳翔縣內發現二八造酒工場使用工業酒精來製酒，而其他省份也被證實有同樣的情形；二年後的1987年，終於展開了大規模的取締假酒運動，事態因此暫趨緩和；但1989年時，製造「五糧液」的生產工廠廠長說：「市面上的五糧液，至少有70%都是假酒。」中國的有毒食品，不管是已被揭發，或被監視，不會就此消失。

當然，日本也存在有自然界的有毒物質，或遺傳基因改變的有害食品，但是比起中國，日本和歐美國家有問題的有害食品在程度上是有差別的。在中國，原本就不能食用，甚至會危害生命的毒性物質，竟然可以毫無忌憚地使用。而且，在一般的文明社會之中，一旦被明白判斷出「有害」，那麼就不可能在市場上出售，不過在中國，卻絕不會從市場上消失。

生活上的必要食品都已無法相信，中國真的是

一個何時被害死都不奇怪的可怕社會，而日本卻從這樣的國家大量進口食品！

被東方神秘醫學操縱並深受其害的日本人

日本的藥害訴訟已被視為是一種運動，大眾媒體也會經常加以報導。不過，對由中國慢慢滲透進來的美容用品、健康食品、和誇大不實的藥品廣告，大眾媒體可說是過於寬容，即使發生死亡事件，也會馬上從媒體消失，然後又會再度犯下同樣的過錯，例如，2002年夏天，媒體曾相繼報導因服用中國的「減肥藥」而導致肝功能失常的事件，當時甚至還有人死亡，但是過不久，已為大家所淡忘。

雖然說已被淡忘，但並不表示從中國進來的華禍就此消失不見。只要日本人還被「醫食同源」或「東洋醫學的神秘」所蠱惑的話，將永遠無法免於受害事件的不斷發生。當然，並不能完全否定中醫醫學，只是為了減少假藥的為害程度，至少希望大家能夠對所謂的中國神話抱持著半信半疑的態度。

而日本人卻完全沒有這種戒心，主要原因是日本的藥品許可認證非常嚴格，若未取得許可，根本

無法以「醫藥品」來銷售，更何況現在還規定必須要有藥劑師在場才能出售。的確，偶爾還是會有藥害或副作用的問題發生，不過，如果有這種情事，則一定會被媒體大肆報導。由於政府的醫療衛生制度相當健全，因此，雖然說日本製的藥品不見得是全無或絕無問題，但是，卻可以說是極爲安全，而且國際信賴度也是最高。在台灣，只要說是日本製的藥品，則不管是何種藥物，也都能夠獲得最大的信賴。

而另一方面的中國，假藥則正在市場上四處氾濫，其中有很多的處方（治療的方法）和秘方（不對外透露的特效藥）都讓人懷疑，在日本市場上頂多只是當作「健康食品」來販賣。但是，到中國旅行時，除了隨處可買到來路不明的藥品外，再加上導遊的強力推薦，不知不覺中就會出手買下一堆可疑的藥品。

這種現象並不侷限於日本人，台灣人也是一樣，有很多前往中國旅行的台灣觀光客，也會因爲導遊的強力推薦或強迫購買，買回一堆號稱是代表東洋神秘醫學的處方或秘方，大部分的人於歸國後

冷靜下來回想，才猛然發覺「自己被坑了」。

不管是日本人或是台灣人，對中國人來講，都是最好的冤大頭，經常被連哄帶騙地買下大量的假藥，由於都是喜歡用藥的民族，在某種程度上倒也無可厚非，不過，在經常被騙的情況下，台灣的政府和相關醫療單位不得不反覆提出呼籲。

如果只因爲藥品登上中國的廣告媒體或沒有相關的受害報導，就相信假藥的話，那就是個門外漢了。曾經擔任中南海中宣部部長的丁關根，在「人民日報」和「光明日報」所舉辦的座談會中，主張「新聞界也有必要『打假』（驅逐仿冒品運動）。爲什麼呢？因爲大部分仿冒品或粗劣品，都是透過媒體而獲得非法利益。總之，媒體也是仿冒品氾濫中的受益者。」

在中國，經常會發生媒體和政府官員勾結業者以賺取非法暴利的事件，這種情況和日本的媒體環境完全不一樣，賄賂甚至還擴大到廣告的刊登上。順便一提的是，根據總部設置於巴黎的國際新聞團體「無國境記者團」於2002年進行的「報導自由度」的調查，在139個國家和區域的調查對象中，中國是

倒數第二名、排名第138的國家，也是一個掌握權力的黨工幹部會以自己利益為最優先考量的國家，至於媒體，則是一個無法信任的團體。

減肥應該是日本人最關心的事情，日本人總是誤以為中國人之所以瘦子多，乃是因為時常飲用「中國茶」之故，其實，這並不是最大的原因。的確，中國肥胖者不多，但是看到只有政府高官和黨工幹部並非如此時，真正原因就變得很清楚了。中國自古以來就是一個饑荒貧窮的國家，100萬人或1,000萬人因饑荒而餓死的情況絕不稀奇，這種情況到今天還是一樣，可以說還是繼續走在「饑荒之國」的歷史軌道上。而日本，則完全沒有糧食的問題。

的確，對減肥者來講，中國的「減肥茶」和「減肥藥」，光是看到名稱就令人感到魅力十足。但是，如果看到這種廣告就立刻躍躍欲試的話，那就極為危險了，尤其是網路發達的今天，這種危險性已越來越大，希望大家小心注意。

仿冒品所造成的損失如同暴風雨般地襲擊全球

中國早在江戶時代或近代歐美的哥德、孟德斯鳩時代開始，就以「邪惡」和「虛偽」之國而聞名，但是，中國的仿冒品如狂風般地襲擊全球，並成為現代世界最大公害而導致各國受害事件陸續出現，則是從改革開放時代，尤其是進入90年代之後才開始的。

在這個時期，工業產品的品質合格率，在以工場樣品為對象的調查之中是75%，以市場商品為對象時卻降低至55%，這種數值差距，應該就是政府機關所無法掌握（或包庇？）的非法「地下工廠」所生產的仿冒品流入市面所致。

尤其嚴重的是，非法模仿日本和歐美各國名牌的仿冒品，舉凡機車、電器產品、相機、化妝品、醫藥品和食品等，所有領域的仿冒品都在市場上出現，其中又以擁有高品質和高信賴度的日本仿冒品最受市場青睞。

最為大家所熟知的是，模仿本田技研的「HONDA」商標的仿冒品「HONGDA」，或仿冒東芝5號和7號的充電電池、家電廠商「AIWA」的仿冒品「AIMA」「EIMA」「AUWA」等的近似品牌，多到

數不清。偽造或模仿日本企業花費大量金錢和時間開發出來的高品質產品，事實上就等於小偷的行為。由於不需要花費開發費和宣傳費，價格相當便宜，縱使知道是仿冒品，也能夠賣得出去。

在中國，每年生產1,100萬台的機車，但其中竟有700萬台是仿冒品，令人驚訝。

近年來最猖獗的是盜版DVD，甚至連地方政府高官也都在侵犯專利權、商標權和創作權。比起錄影帶，DVD即使是海盜版，其品質差異也不大，因此，除了中國人外，很多觀光客也都會購買，可想而知當然又可大撈一筆。不過，也曾聽說由於市面上的盜版數量太多，深圳出現供過於求以致價格慘跌的現象。

2001年底，在仿冒品天堂被欺騙的日本企業，約佔前往中國投資的全部日本企業的54%，且正在年年升高；另外，根據JETRO（日本貿易振興會）北京中心的調查報告（2001年12月），因仿冒品而遭受損失的總金額為8,500億日圓，佔日本企業在中國市場的工業生產總銷售值的三成左右。

而且，在JETRO的《中國─仿冒品白皮書》

中，提到日本企業因中國仿冒品受害的年度損失金額爲總銷售額的20～25%，其中，光是機車和DVD被仿冒的損失就達到每年1兆日圓。根據JETRO北京中心在2002年12月、2003年1月針對418家日本企業所進行的調查，結果顯示，遭受損失的企業約佔全部企業的四成；而根據國際企業會議所的統計資料，2001年仿冒世界名牌的損失金額爲3,780億美元，總受害件數達50萬件。

再者，在中國國務院發展研究中心的調查中，到2001年8月爲止的全國仿冒商品，已經超過走私商品的損失總額，成爲僅次於毒品的巨大社會公害。一般人會認爲，既然調查結果已經出爐，且已知道問題的嚴重性，那麼，政府相關單位應該立刻採取解決對策才對。但事實上，由於整個事件有政府高官的參與，再怎麼取締也不過是表面上的動作而已，根本無法徹底解決問題；再加上仿冒品商人爲了逃避取締，所想出來的複雜且惡劣的管道，更造成了惡性循環，據說其中還有人竟然在司法機關和政府行政機關所擁有的國家土地上進行仿冒品的生產。

為了防止中國仿冒品擴散到全世界，1990年以歐美為中心成立了「CACC（中國偽造行為對策委員會）」。根據報告書的資料顯示，中國最大的偽造品批發流通中心（基地）是浙江省義烏市，1991年的年銷售額雖然只有1億美元，但到1996年已是22億美元、而目前是30億美元，這5年的年平均成長率達到83％。

有良心的人孤立於中國社會的歷史背景

　　全部都是謊言，只有騙子才是真的。這種中國的人際社會，到底是從什麼樣的歷史背景之中產生的呢？

　　中華世界並不只有漢族的生活圈，自有史以來，它是農耕圈的漢族和越蠻、百越，以及遊牧圈的北方各鐵騎民族的爭奪之地。然後，各種民族在爭奪有限的資源之後，輪流建立王朝，統治著中華世界；再由於是生存在被稱為「災害之國」、「飢饉之國」的嚴苛條件之下，不管何時或何地，都會遭遇到戰亂、災害、饑荒和傳染病的侵襲。

　　中國人在這種嚴苛的條件下，別說是愛護大自

然，反而加倍破壞環境，以求延續生命，例如，現在的陝西省是岩石裸露的峽谷地形，但那裏卻曾經是綠地盎然的森林，這也是因為人們為了生存而濫砍濫伐所產生的一片裸地。為了未來的生存，如果每個人都互相合作，應該也有可能讓自然再生。

換言之，在這種一片殺伐之聲的社會裏，為了生存，所依靠的並不是相互間的信賴，而是要徹底追求自身的利益來保護自己，在這種情況下，也就造就了「不信任對方的社會」，彼此都是以自身利害為第一考量，所以，能相信的，當然就只有自己了。除了陌生人和外來人外，就連夫妻也發展到了「原為不相關的他人」的觀念，也絕對不能互相信任。這種情況和日本的共生社會有著根本上的差異。

象徵中國人極端自我主義和不信任對方的人生哲學的代表性人物，就是出生於戰國時代的楊朱，他主張「為我（為我而做）」和「貴己（自己為貴）」，並提倡「拔一毛以利天下而不為之」的觀念，是一種絕對利己主義的思想。

因此，在歷史的教訓和戰勝生存競爭的DNA

之中，必須記憶下來的事，不外乎是「全部都是謊言，只有騙子才是真的」這種人類觀和處世觀。

從「有良心的人被社會孤立」和「英年早逝」這二句成語，就可以想像到不信任對方的社會和過度競爭的社會實況。中國社會的處世和生存之術最具代表性的著作，有《韓非子》、《孫子兵法》、《吳子兵法》、《戰國策》和《三國誌演義》等書。

當然，不只限於中國人，日本人、韓國人和朝鮮商人也有「欺生」和「殺生」的風俗習慣，簡單來講，就是對外來人大力敲竹槓的意思。不過，尤以中國人的「討厭人」的傾向最為嚴重，也看不慣別人變成「福者」，非常「仇富」，不光是嫉妒而已，簡直是憤恨不平。

大致上，中國人都抱著所謂「幸災樂禍」的心態。這種心態在改革開放後，更隨著時代的潮流而日益強烈，實在可怕。由於「只要自己好」的想法已全面開花，因此，必須要在生存競爭中戰勝，讓自己變成「福者」。中國人的社會並不將別人的幫忙視為好事，倒反而會對別人的不幸感到快樂，不管別人的死活，只要自己得以繼續生存就好。一般來

講，大都會利用別人的不幸來造就自己的機會，也就是魯迅所說的「打落水狗」。

中國夢(China Dream)的謊言讓自家人出現中毒現象

振興中華是近代中國人最大的國家夢想，西風東漸、西力東來後——也就是West Impact之後才擴大的這種100多年來的中國夢(China Dream)，當然只不過是夢中之夢和幻想而已，不過，對中國人，尤其是中國的知識份子來講，即使這個夢想已數次幻滅，還是像馬來貘般地持續啃食著夢想。在近代中國人的心中，即使個人的美夢破滅，中國夢也還是必要的。

歌曲中的「中國一定強」這句歌詞，自19世紀末期以來，每歷經一次改革或革命，中國的知識份子就如同被催眠般地掛在嘴邊，述說著中國的「富國強兵」之夢。這時，經常被拿來比較的就是日本，總是高唱著像日本那樣的小國都能做得到，世界最聰明的人種中國人和擁有5,000年悠久歷史的中國，當然更沒有任何做不到的道理，甚至還可以比

日本人實現更快更完美的「富國強兵」。這些說說唱唱，當然只是做夢而已。

當日本的資本主義發達時，全球立刻對高度發展的日本散佈「黃禍論」，當時，日本人以「並無想要威脅白人世界之意」而加以否定。但另一方面的中國，卻想利用這個機會證明中國的強大，意氣風發地對自己可能成為「黃禍」的先驅和主體，開始積極地回應，即使是在80年後的1970年代末期開始的改革開放之中，也再度拾起「中國一定強」的美夢。在十九世紀末期時，他們主張「二十世紀是中國人的世紀」，到了二十世紀末期卻又改口，再度相信「二十一世紀是中國人的世紀」，而到了迎接了二十一世紀的今天，依然向自己催眠說：「二十一世紀的中期，中國將成為世界的中心。」或「二十二世紀是中國人的世紀」。即使經過了幾百年，他們還是做著遙不可及的中國夢。

縱然是一個未完成的夢，但這個夢卻是自尊心受傷時的避風港，是維持自尊心的必要之物，講得明白一點，這個夢就是為了滿足中華思想的必要之物，也由於這種中華思想包含了驕傲、自信和過度

自信，因此，這個夢才能夠被再生，持續下來。

中國自古以來就是一個箝制言論的國家，直到今天也是如此，這個國家究竟是否存在著所謂的媒體，實在讓人懷疑。中國的所謂報導，其實是以對國家的奉承做為出發點的，也就是以「報喜不報憂」為原則，會對國家造成負面影響的新聞絕對不會被報導，記者知道發揚歌頌政府功績和德政的「歌功頌德」的手法，更知道絕對禁止負面報導的「家醜不可外揚」的道理。對所有的壞消息一律掩蓋，而且為了達到政治和政策的目標，甚至還可以理所當然地報導不實的新聞，這從2002年爆發的SARS事件就可以瞭解，由於隱瞞實情，報導了低於實際的罹患人數和死亡人數，因此造成WHO需派遣調查團去實地訪查。

中國民眾在這種謊話之中被控制著，即使說世世代代都活在這種中國夢之中，一點也不為過。

被中國言論統制的日本

焚書坑儒、文字獄之國的中國，從古代中華帝國時代起，並不只是一個箝制言論的國家，還是一

個受過孔子大人之「不教而殺之」的愚民政策的國家。

　　自漢朝的獨尊儒教，到社會主義政權的馬克思列寧主義、毛澤東思想的獨尊，至於今天愛國主義與民族主義教育下的媒體反日仇日運動為止，都是以箝制言論來支撐整個體制。即使是今天，出版社的印刷用紙的配給制度也還未取消，不僅如此，還成立了為數30萬人的網路警察，這實在是因應時代潮流的徹底箝制言論自由和維持現行體制的方法。

　　或許這些都可算是不需外人置喙的內政，但如這種行動擴及國外的話，那麼外人就無法保持沉默了。尤其，中國經常對日本發出應該管制言論的關切眼光，其實，這也不是中國可以置喙的地方，包括檢查別國的歷史教科書的教育問題，和政府高官的所有發言細節等等。不過，對日本來講，更嚴重的現實問題是，日本的媒體早已經被納入中華言論箝制秩序之中。

　　阿南駐中國大使、槇田原亞洲太平洋局長、田中均亞洲太平洋局長等這些所謂的日本外務省的「中國學校」，為了獲取中國政府的歡心，大都採取

以中國(不是日本)國家利益為優先的行動,這已是大家都知道的事實。雖然這種行動早已大幅超越了對等的中日友好關係,但是比這個中國學校還親中的言論界的中國美化和中國順從,其實才更嚴重。

中國對日本媒體的言論箝制,可以追溯到1964年親中派的自民黨議員所簽定的「中日記者交換協定」,其中規定對中國報導必須「主動規範」,同時裏面也談到「不敵視中國」、「不加入分裂二個中國的陰謀」和「不妨礙中日國交正常化」等三大被日本媒體完全接受的原則,其結果是,完全不報導西藏和新疆等周邊民族被中國共產黨暴力侵略的事實。所以,從文革時代開始,日本媒體就被指責是「報導偏差」和「美化中國」。

如此這般,有關中國的日本言論,直到今天也還是受到威脅,不僅受到「強制驅逐」和「停止發給簽證」,更抓住日本文化人的弱點和膽小之處,來進行恐嚇和誘惑,完全被中國政府所箝制和掌握,中國政府更配合竊聽、跟踪、警告和威嚇等實際行為來管制日本的言論。

其實,日本的代表性文化人從江戶時代開始就

有美化中國的傾向，將中國理想化為聖人的國家，乃是江戶儒學家的通病。

江戶中期的禮法家伊勢貞丈於《安齋隨筆》中指出：「儒者最惡劣的是只知道西方情事，對我國情事毫不關心，甚至嘲笑踐踏我國。上述之不義儒者常是以西土為貴，稱讚中華中華，但卻鄙視我國為倭寇，實在無禮。」當然，本居宣長等多位國學家也曾提出相同的指責。

看到江戶時代的朱子學家和江戶儒學家，總覺得他們都是美化清朝的反日日本人，和戰後的前衛文化人沒有太大的差異。那些被稱為「前衛的知識份子」，將社會主義中國宣傳為「沒有蚊子、蒼蠅、老鼠和小偷」的地上樂園，這是大家都知道的事實。這種以中國利益為優先所做的宣傳，結果讓日本的媒體和各領域中想當「知識份子」的人，非常自然地和不報導中國真實的「主動規範」融合為一體。

根據《諸君》（2004年4月號）指出，專門負責美化中國的所謂日本「御三家」，就是經濟產業省、JETRO和日本經濟新聞，它們過去的業績有：大肆宣傳1980年代後期的香港和深圳的「華南經濟

圈」、1990年代初期投資中國的東南亞華僑企業的「大中華經濟圈」，以及2000年前後由經濟產業省官僚著作的《Made in China》。《諸君》更詳細指出，這些都是在散播象徵中國經濟發展幻想的報導。

結果，這些報導讓人開始考慮進入中國投資，所以，如果想到那些最後被中國反咬一口的中小企業絕對不在少數的話，則這些人也算是犯罪的共犯。

當然，負責美化中國宣傳的人並不只是這個御三家，至少有90％以上的大部分中國學者，都是繼承江戶儒學家衣鉢並持續誦經的人。在中國經書上所寫的，都只是「這樣可以」和「應該這樣」的理想論，而這種理想論大都偏離現實很遠，因此，都只是寫下來稱頌之用的，就這樣，原本應該擁有洞察力，足以瞭解中國真實性的學者和知識份子，卻讓人擲筆三嘆。難道說，這也是華禍的超級推銷員（Super Carrier）嗎？

日本會被中國的謊言操弄到什麼時候

大家都知道，至少戰後約有四分之一世紀的時間，不管是在日本或是在中國，都是中國夢和現實出現最大乖離的時代。

　　這個時代，因為中國的革命，所以中國人都蔓延一種錯覺，那就是中國人都已經是被解放的人類。中國相信除了解放西藏的農奴外，更會在解放世界人類的目標之下，也能夠解放美國帝國主義的統治，和那些被壓榨的日本人民。當然，更對不久之後將超越英美國家、東風壓倒西風之事深信不疑。

　　日本人也是如此，尤其是那些被認為前衛的日本人，深信中國是一個「沒有蚊子、蒼蠅、老鼠和小偷的人間樂園」。

　　但事實完全不同，例如，1958～1961年發生的中國大饑荒，即是因毛澤東推動錯誤的「大躍進政策」，使農作物生產量急速減少所致，但儘管如此，當時因為害怕皇帝毛澤東，農民為了自保起見，都提出了「成功」的假報告，這時政府就根據申報來徵收農作物，如此一來，農民的食物當然也就沒有了。這就是持續了三年之久的大躍進政策的

「成果」。

　文革結束之後，就如同中國自己所承認的，包括因遭受迫害而餓死的人在內，犧牲人數估計有5,000萬人左右。中國的謊話和虛張聲勢竟嚴重到這種地步，簡直是滑稽到把全世界的人都當作白癡。

　像那樣的謊話，並不只是發生在共產主義革命的過程之中而已，在共和國成立後的無產階級獨裁的所有時代之中也有，完全是一個靠謊言和夢想築造出來的夢幻之國。

　至於改革開放後的今天，靠謊言和虛張聲勢建立起來的共產中國，雖然被稱爲是人類最後且最大的市場，但其眞實性，我們到底可以相信到哪種程度呢？只有騙子才是本尊的中國，讓冠上笨字的誠實日本人相當難以理解，即使兩國之間過去有過關聯，但事實上能夠看透眞相、具有慧眼的有識之士並不多。

　雖然大家都知道中國人是表裏不一的民族，中國人卻還有一種特性不爲人所知，那就是他們的想法與說法經常不同，也就是所謂的「口是心非」，尤其是那些經歷過多重激烈鬥爭的黨工幹部和官員。

的確，進入中國投資的日本企業，目前正為契約毀約和仿冒損失而苦惱不已，日本人如果早知道的話，應該也不會被弄得暈頭轉向吧。實際上，能夠在中國立足的日本企業不多，如果要成功，除經營上需看透這個國家的本質以外別無他法。

　自中華人民共和國建國以來，中國和日本的關係是從「中國是地上的樂園說」開始的。當中日和平條約簽訂之際的霸權條款交涉中，就可以從「中國人重視原則」的說法看出中國的幻想還在蔓延；接著，進入80年代之後，從靖國神社和教科書的問題，也可以看到中國對日本內政的干涉；然後，從「世界上最大且最後的市場」、「世界最大的生產大國」、「二十一世紀是中國人的世紀」、「日本將被中國吞食」、「日本沒有中國，無法生存」、「因為日本與中國的文化相近，最好盡快成為中國的一部分」、「中國人的生活早已超越日本」等等的口號中，怎麼看都覺得日本總是被中國的謊言和虛張聲勢所操弄。日本似乎早已在中國的強烈宣傳和打壓之下棄械投降。

　尤其對於天皇訪問中國一事，前外交部長錢其

第七章

侵襲全世界的中國
本土性瘟疫與環境污染

侵襲日本列島的中國本土性瘟疫的歷史記錄

　　雖然說日本列島和中國大陸只有一衣帶水之隔，但是自古以來，雙方之間幾乎很少有交流。的確，在遣隋使、遣唐使的時代，雖然有幾艘船隻的交流往來，但其後直到明治維新後的大陸移民熱潮時代為止，不管是大陸或日本，都斷斷續續有將近一千多年的鎖國封閉時代。也就是說，兩國之間沒有交流的時間比較長。

　　即使如此，曾經流行於歐亞大陸的傳染病卻總是會流行到日本。從江戶時期的大型傳染病天花、麻疹和下痢看來，天花屬於十八世紀前期的大流行，麻疹則在同一時期流行二到三次，而下痢則是十八世紀到十九世紀之間的大流行。不用說，這些傳染病都是從中國傳染過來的。

　　不管是中國還是日本，所謂的鎖國封閉時代，並不是完完全全地斷絕貿易往來。古代日本的福岡大宰府，以及江戶鎖國時代的長崎、對馬和琉球等地，都有中國船隻的進出。如此這般，大陸的各種傳染病遂透過日宋、日元、日明、日清間的貿易，

被中國船隻帶進日本，然後再蔓延至日本全國各地；而被稱為「唐瘡」的梅毒，也是經由中國，在室町幕府時代後期傳至日本。而在近代日本之中，做為日清貿易據點的長崎，更是各種傳染病的發祥地，然後大規模地傳染到日本全國。

在日本，明治初期已將霍亂、下痢、麻疹、傷寒、天花和白喉等六種傳染病列為法定傳染疾病。其中死亡率最高的霍亂，在明治初期的1876年到1890年時，死亡人數更高達46萬人以上。

當然，這些傳染病發祥地都在中國。1880年時，中國的廣東和寧波就有霍亂大流行，翌年的81年也在北京開始大流行，這種傳染途徑，跟2003年發源自廣東的SARS的傳染途徑相同。

然後，在中國霍亂大流行後的1882年10月到翌年1月中旬，日本也開始流行霍亂，當時的北里柴山郎和第一任內務省衛生局長長與專齋，都表示這種侵入日本的病毒來自於中國，而且是先從長崎流入，再蔓延至全國。

日本為了提出因應之道，於1885年在函館、新潟、橫濱、神戶、下關和長崎等港口設置了消毒

所；之後又於1899年公佈「海港檢疫法」，確立檢疫制度。這些措施當然都是爲了防止傳染病侵入所做的努力，但另一方面的中國，即使到今天，依然未見採取任何根本性的因應對策。

這是因爲日本和中國對傳染病嚴重性的認識和防止傳染病所採取的措施截然不同所致，事實上，台灣的歷史就已將這個對比忠實地記錄下來，之所以這麼說，是因爲在日本殖民時代的台灣，幾乎看不到各種傳染病的大量流行和傳播。台灣總督府在1900年代之後，就開始進行都市計劃，徹底做好每個城市的衛生把關工作，當時更委任北里柴三郎並號召將一流子弟到台灣，協助進行各種公共防疫衛生工作。

然而這所有的一切都在戰爭結束後劃下句點，隨著日本結束在台50年的統治，中國軍隊進駐台灣，卻使得本已幾近滅絕的霍亂、天花、鼠疫（黑死病）、傷寒和瘧疾等傳染病，又開始肆虐台灣全島，像1946年的鼠疫和霍亂、翌年的天花大流行等等，台灣看到的中國人，就像是瘟神的化身。

但是，中國仍未發現這種嚴重性，例如，2003

年的SARS、2004年的禽流感,中國未對這種傳染病的「華禍」之散播,仍然未有絲毫羞恥之感。

中國是全世界的傳染病發源地

大家都知道,中國自古以來就是「疾病之國」,也是散播世界傳染病的中土、中原、或中心之國。在中國的「重大傳染病」之中,以「傷寒」(霍亂、腸病毒)、瘧疾、鼠疫(黑死病)和天花為最多,這些傳染病不只在中國發祥,還蔓延至整個歐亞大陸,甚至越過海洋而侵襲日本列島。

中國的傳染病流行,其實早在史前時代就被刻劃在甲骨文上了。現在可從甲骨文中確認的是,在殷商時代流傳的古代傳染病約有16〜20種;而根據周朝到漢朝的「大疫」(傳染病大流行)記錄,可以經常發現「死者數萬」、「人多死」、「士卒多死」、「其死亡者三有其一」等等描寫死亡人數相當多的文字反覆出現在史書中。

從中華帝國成立以後,至今已有二千多年,其間,週期性的、加速性的遭遇到水災和旱災等天災的侵襲,然後,隨旱災而來的大饑荒、隨水災而發

生的傳染病大流行，可說已形成了一種「定律」。在歷代王朝的正史之中，幾乎每隔幾年就會有傳染病肆虐的記錄，這些也都可以從史書上得到印證，但是，發生大型傳染病的死亡人數僅能看出一個概略，無法得知具體的數字，例如，寫著「大疫」的記錄中，經常以「十人中有六、七人」或者「無數」、「無算」、「數不盡」等模糊的文字來記載。雖然說這已成為過去的歷史，但是中國這種無法面對現實的說法，仍是現代中國的通病。

譬如，中國歷代王國常因「大饑荒」、「大傳染病」而減損人口的情況相當多，而因「大饑荒」產生的難民所衍生的「傳染病」媒介和運送病毒功能，更是將各種傳染病擴散到全世界。

有關明朝的滅亡，雖說是因為政治腐敗而導致農民組成反叛軍從各地風起雲湧起而反抗所致，但實際上這並不是明朝真正滅亡的唯一要因。明朝末年的「大饑荒」、「大傳染病」不間斷地侵襲人民，使得餓死者、病死者處處可見，以致處處充斥著難民、流寇和流賊，這也是造成農民反叛而導致明朝滅亡的要因。

尤其明朝末年的萬曆～崇禎年間（1573～1644年），華北地方遭到傳染病的猛烈肆虐，至少有1,000萬人死亡，當時的主要傳染病是鼠疫和天花。所以，明朝其實是因爲這種傳染病大流行而滅亡的、並不是被清兵所滅。

　　而且明朝末年的飢饉連年發生，在正史的《明史》之中也有因飢饉而使得民眾在1633～1648年的這16年間出現「人吃人」的記載，明朝末年的人口遂由全盛時期減少到只剩三分之一。這是餓死或「人相食」所帶來的結果。

　　「人吃人已經是以前的事了」嗎？事實上在半個世紀之前，於社會主義政權統治下的1958～1961年，也曾經有這種人吃人的記載，當然，那也正是大飢饉侵襲整個中國的時代。這都是因毛澤東所引起的人禍，對一個饑餓的人來講，只要是可以吃進肚子的東西，什麼都不在乎，爲了生存，即使是人吃人，也沒有什麼好猶豫的了。這是文化大革命所造成的人類悲劇，現在這段歷史已爲世界所週知。

　　然而，2003年的SARS的「北京傳染病大流行」，「朝日新聞」和「日本經濟新聞」卻特地把過去

捏造的歷史傳述出來：「北京遭受大規模傳染病的侵襲，距離明朝末年的1634年的『京師大瘟疫』已相隔360年。」（5月21日）事實上，北京原本就以瘟疫之都而聞名，例如1793年流行的「京師大瘟疫」（鼠疫）、1824年的「瘟疫」，而後者更有「死亡人數無法計數」的慘狀記錄存在（「順天府志」、「清史稿」）。針對「朝日」和「日經」這種「相隔360年」的謊言，只要調查一下中國疾病史就可以一目瞭然，為什麼還要寫出這種謊言呢？真是讓人難以理解。

為什麼黑死病成為中國的本土病

談到黑死病，就會讓人想到襲擊歐洲中世紀，造成史上最有名的可怕流行疾病，在1348～1351年的三年間，約有三分之一的人口因此死亡。黑死病的傳染途徑眾說紛紜，但最具說服力的是以中國大陸為發祥地的說法。

最初看到的大流行是在南宋王朝，這時南征中的蒙哥汗（成吉思汗之孫、忽必烈可汗之兄）就在途中病死，原因被認為是染上黑死病。據說，這也是與南宋打仗時傳染到蒙古軍身上的疾病。

而透過蒙古軍團的遠征，黑死病毒經由亞細亞、克里尼西亞、威尼斯、北阿爾卑斯北上，不久就蔓延整個歐洲。結果，不光是歐洲，連東亞世界的人口也猛然少了一半以上。事實上，蒙古帝國衰退的原因之一，也可以說是黑死病大流行所致。

　　在元朝末年的至正年間(1341～1368)，光是「傳染病大流行」就發生了11次。中華帝國的人口，據推算在1200年時達到1億3,000萬人，但是由於鼠疫的大流行，在1331年時已經死掉了三分之二。歐亞大陸的東西部都受到黑死病的侵襲，人口頓時大量減少。

　　而在更早之前，從隋煬帝末期的610年到唐初的648年40年間也有七次的傳染病大流行發生，隋朝也因為瘟疫而倒下來。

　　那麼，近代的情況又如何？1855年清兵前往雲南平亂，也感染上了黑死病，黑死病毒由雲南開始蔓延至全中國大陸，更隨著十九世紀末期滿州移民禁令的解除，中國人大量進入東北開墾，使得滿州也進入黑死病的流行期。本來「黑死病」就是屬於野生嚙齒類的「獸疫」，進入滿州開墾的人們為了取得

動物的皮毛，遂大量捕殺土撥鼠等嚙齒類動物，因此也造就了「黑死病」的流行，而且，更從哈爾濱透過滿州鐵路散播到各地。

美國在1900年也有黑死病大流行，這是來自香港的病毒。鼠疫菌透過船隻運送，最初是在洛杉磯的中國城爆發開來，之後更透過嚙齒類小動物的媒介，迅速蔓延到加拿大、墨西哥和中南美洲大陸（W. H. 麥克尼爾《傳染病與世界史》）。

那麼，為什麼中國會將黑死病變成本土病呢？這是因為中國人嗜吃蛇肉，導致蛇的天敵老鼠大量繁殖，結果，也就導致以老鼠為媒介的黑死病菌大肆蔓延。

讓我們來看看具體的數字吧。拿上海人來講，每年的蛇消費量超過1,000噸，全國的消費量更高達6,000噸，因此，中國國內的蛇類瀕臨絕種，現在每年需從國外走私100萬條。根據最近的統計資料，中國的老鼠約有30億隻，這個數目接近人口的三倍，每年遭到老鼠破壞的糧食，據推測達到250～400萬噸。

在日本，黑死病在現代幾乎是沒有人聽說過的

病症，但是黑死病確實曾經在日本出現過。之所以未導致大流行的原因，主要是因為黑死病的感染路徑是以老鼠為媒介，而除了日本人對驅逐老鼠很熱心之外，日本的森林過去也有為數不少的野狼、狐狸、貓頭鷹和鷲等猛禽類棲息著，這些猛禽類經常會捕食老鼠。

　　隨著森林的開發，捕食老鼠的哺乳類和猛禽類也瀕臨滅絕，遂造成老鼠大量的繁殖。不過，中國卻完全沒有意識到生態環境的重要性，不，應該說中國人雖是寄生於大自然的民族，但卻完全無法與自然共生，也就是說，在完全不考慮自然環境的胡亂開發和人口密度過高的情況下，黑死病遂成為中國的本土病，這種說法絕不是謬論。不僅如此，中國還產生新的傳染病，讓整個世界陷入可怕之境，SARS和禽流感就是這種令人毛骨悚然的疫病。

所有的流行性傳染病都源自中國

　　進入近代之後，不光是SARS，造成世界規模的流行性感冒的傳染病，其發祥地幾乎都是中國。譬如，1918年秋天橫掃全世界的流行性感冒，感染

人數約是地球人口的20～40%，而從感染到發病，只不過四個月的時間，就導致全世界約有2,000萬人死於流行性感冒，死亡率達到2.5%。當時，日本也有2,000萬人以上受到感染，死亡人數超過40萬人。

這種被稱為「西班牙感冒」的流行性感冒，雖然很多人從名稱來看會誤以為發祥地是西班牙，但實際上卻仍然是中國。在歐洲，首先開始大流行的地方是法國的馬賽，並在第一次世界大戰中透過士兵傳染給德軍，然後就迅速擴散至全世界，當時還曾經被誤以為是德軍開發出的生化武器。對德國造成不小的困擾。

不過，病菌又是如何進入法國馬賽的呢？靠的就是往來印度和馬賽的船隻，而將病毒帶到印度的正是中國，中國南部早在1917年就已經開始流行了。

在十九世紀末期，將黑死病和霍亂傳播到全世界的中國，進入了二十世紀、成立中華人民共和國之後，也照樣在1957年將「亞洲流行性感冒病毒」、1968年將「香港流行性感冒病毒」傳播到世界各地

去。

　　香港的流行性感冒在世界上蔓延開來，據統計，死亡人數達到150萬人。接著今天，跟在香港和廣東進來的禽流感之後，又有以中國廣東爲發祥地並透過香港擴散至世界各地的SARS，再來就是最新的禽流感病毒。

　　2003年流行於世界各地的SARS，2004年於廣東又再次出現病患。在2003年的階段中，SARS是以果子狸等野生動物爲感染源，但這次的SARS病毒則是從老鼠身上發現，從野生動物透過老鼠感染到患者的看法相當有說服力，這又是老鼠惹的禍。SARS的災難絕對不會就此結束，總有一天，會使世界再度受到可怕的突襲，不僅中國，全世界都無法避免這種可怕的威脅。

　　隨著SARS沈寂之後誕生於中國的是禽流感，不，正確來講，從SARS追溯到六年前，也就是1997年爆發於香港的禽流感病毒，其實和這次的病毒同樣是屬於「H5N1」類型。但是當時的中國政府否認中國境內有此病症發生，但從中國拒絕發給想前往中國調查的WHO調查團的入境簽證，就可以

略知一二。SARS的流行也是一樣，而再次的流行更爲1997年病毒的發祥地是中國的事實提供了強力的佐證。2004年的這次流行，可以從2003年10月在廣東省爆發雞隻大量死亡的事件，獲得該地就是傳染源的有力證明。

再說1998年被稱爲「H9N2」類型的禽流感，發祥地還是中國的廣東省，中國政府還是沒有發表任何聲明，即使是已經受到國際的強烈譴責，還是像隱瞞SARS的闖禍事實一樣繼續隱瞞。而就在「H5N1」極爲沸騰的2004年2月，中國才遲遲地將報告交出來，承認很多新型的流行性感冒確實是發源於中國。

流行性感冒的存在雖可追溯到西元前，但病原菌卻直到1933年才得以確認，這是由英國的史密斯所發現，不過進入40年代之後，又發現了新的病毒，一直到今天還無法開發出有效的治療藥。

在這當中，香港的流感病毒也逐漸衰退，但隨著一個病毒的衰退，就有一個新型的病毒產生，這已經成爲今日的常態。據說，WHO對於2003年爆發的SARS已經是一籌莫展，對於新型的流行性感

冒當然更是應接不暇。不管如何，新型病毒也應該是發源於中國，因爲散播SARS的中國已經強迫全世界來做擦屁股的善後工作，所以中國可以再趁隙製造出新的傳染病來。

中國無法有效處理傳染病的醫療衛生狀況

如此這般，今天仍然將各種傳染病擴散到世界各地的中心地的中國，從史前時代就開始流行傳染病。對當時的人們來講，這是原因不明的重病，更因爲蔓延區域廣大，理所當然地認爲這是神明在發怒，或是惡魔在詛咒。

之後，隨著王朝的交替，對飽受饑荒和傳染病之苦的中國來講，瘟疫就等同於遭受天譴一樣。在殷周時代，傳染病被視爲中邪的一種，需要咒術或祭拜靈魂才能祛除，因此，傳染病的治療遂成爲巫醫的專屬工作，也就是說，對傳染病的解決方法只有禱告求神而已。

結果，當時的傳染病祛除大都以巫術來進行，不屬於中藥的範圍。當然，以巫術是治不好病的。

在這樣的中國，從春秋戰國以來，不，從文明

誕生以來，雖然滿口仁義道德，但卻完全沒有「衛生」的觀念，可以說完全視衛生爲無物。

在這個國家，將醫療衛生制度化是從二十世紀開始的。在義和團事件之後，透過主張變法（改革派）的官僚，終於在天津設立衛生總局（1902年），而這也是中國讓世界陷入黑死病的恐慌之後，在列強的強烈要求下，終於眞正起身做事。諷刺的是，醫療衛生的制度化竟然是因爲排外的大事件而引起，並在外國人的施壓下才建立起來。

之後，進入1930年時，列強把利用國際連盟（聯合國的前身）援助而在各港灣設置的檢疫機構歸還給中國，對外的衛生管理回到中國人的手裏，使其制度化。然而，實際上並未發揮任何機能，因爲直到今天，中國也依舊將瘟疫散播到世界各地去。

順便一提，中國目前雖然有勞動省管轄的基本醫療保險，但實際保險人口卻不到全部人口的10%（2001年時）；另一方面，由於接受醫療保險的醫院也有限制，大部分人還是依賴藥劑，但藥劑相當昂貴，所以才會有前章提到的假藥肆無忌憚橫行的問題，而醫療制度也無法獲得改善。因此而進入了高

罹患率和高死亡率的惡性循環之中。

　　根據WHO 2000年的報告顯示，中國醫療照顧的公平性，在全世界188個國家中排名186名，從倒數算起比較快。所以，中國的醫療專家開始到台灣，參觀並學習台灣的醫療衛生，而遭受中國傳染病傷害最早、最嚴重的台灣，也不得不指導這些中國來的專家。近年來，中國雖然大肆宣傳醫療制度和檢疫機構已日漸充實，但所有的醫療從業人員都知道，實際上是相當的粗糙。

成爲全球的瘟疫溫床，中國的衛生醫療環境被瓦解

　　即使是今天，仍然可以看到中國以「中藥是中國古代留傳下來的秘方和處方」來招攬顧客，這種宣傳就像1930年設置檢疫機構之後什麼都沒有進步一樣，不管如何宣傳「醫食同源的驚異」或「神秘」，中藥還是對傳染病發揮不了作用。

　　中國人的平均壽命是男性67歲、女性70歲，比起日本人的男性77歲、女性84歲，簡直不能比，太低了；而且，針對這種平均壽命的數字，很多專家都對中國的根據和統計方法產生懷疑，有人說是灌

水10歲，也有月刊雜誌提出檢舉，實際的數字也有可能更低。光是從這一點來看，健康方面當然不用說，即使是精神方面也相當不穩定，從此可看出生活環境和醫療制度的落後。

中國人的社會自古就缺乏衛生觀念，或者說根本就沒有衛生觀念，因此，在世界上中國被認為是最不乾淨的國家，受到各國的嫌棄。尤其是農村，至今仍有人畜同居的極度不衛生狀況，農村的平均壽命也比都市短少5～6歲之多，傳染病的流行當然一直不曾消除。

這種不衛生的狀況不只限於農村，中國人日常生活中的不乾淨，和日本人相比簡直是天壤之別，日本人都無法想像，像開口就隨處吐痰、家裏不打掃、吃飯站著吃，而旁邊散落著切剩的青菜和剩飯，幾乎沒有立足之地，也難怪蔣介石大嘆並強烈批評中國民族有「污穢」、「散漫」、「怠惰」和「頹廢」的惡習，為了打破這種污穢的習性，蔣介石遂在1934年提倡「新生活運動」，一言以蔽之，這個運動就是學習日本式生活的運動，貼出「不隨地吐痰」和「保持道路整潔」的標語，同時，對違反者科以嚴厲

的處罰。

除了這種極度不衛生的落後生活環境之外，醫療衛生制度也持續落後。

在2003年3月舉行的全人代和政協會議就有報告說：「超過2億的農民即使生病也會因爲經濟上的原因而無法入院；在都市，也有3,000萬的民衆同樣無法入院。因此，每年約有500萬的貧民因爲經濟原因無法接受治療而死亡。」進入二十一世紀之後，還眞有這種事嗎？

事實上，在農村，約有5億人由於沒有接受醫院治療的經濟能力，不得不放棄就醫。在江澤民時代，雖然公佈了「貧窮人口只不過3,000萬人而已」，但這是完全不正確的數字。如果以ILO（國際勞動組織）所訂定的平均每人每年最低所得365美元的國際標準來判斷，則未達到這個數字的中國赤貧人口達到7～8億人。

另外，拿全國60%的縣立人民醫院的設備來和國際水準相比，則約落後了30～40年左右。

如此這般，中國目前是世界一切傳染病潛在或顯在的流行區域，加上中國的本土病，更成爲世界

傳染病的溫床。比較為大家所熟知的，是90年代初期發生在長江流域的全球最大宗的B型肝炎病毒帶原者的一億人罹患報告；最近的報告，大約有7億5,000萬人之譜，增加速度令人驚訝。在農村，已有6,000萬到1億人感染吸血蟲，肺結核的帶原者也有5億人。為了抑制中國的本土病和傳染病的擴散，已經到了刻不容緩的時候了。

再者，根據中國公佈的數字，2000年感染愛滋病毒（HIV）的人數是2萬2,517人，這不是正確的，因為曾是醫療衛生界第一把交椅、擔任江澤民醫療顧問的張文康衛生部長，雖然因隱瞞SARS病情而遭到免職，但他在2001年6月召開的聯合國大會的特別會議中，首度承認中國的HIV感染人數可能達到60萬人，在離公佈時間還不到兩年內，竟然出現這麼大的差異，著實令人懷疑。

但，這也還不是正確的數字。截至2001年為止，已有報告（「台灣新聞」2002年3月16日）指出，感染性病的人數超過1,000萬人；而在前年，聯合國愛滋計劃（UNAIDS）已推測當時的中國HIV感染人數超過100萬人以上，同時也發出強烈的警告，

說如果不趕快尋求對策的話，到2010年時將會達到1,000萬人。

更讓人驚訝的是，在中國科學院的報告中，感染愛滋病毒的人數已經超過1,000萬人，而且每年還以30%的速度在增加之中。

在SARS流行之前的2002年，前述的衛生部長張文康就承認：「中國的重症預防面臨嚴重的問題」、「尤其對傳染病沒有一個有效的抑制對策，這是相當嚴重的問題。」其實不光是中國，這對依靠自力更生和國際協助來改善環境衛生的國家來講，都是相當嚴重且困擾的問題。

中國出口到全世界的農藥污染食品

這幾年來，日本出現因使用中國進來的假藥、化妝品、醫藥品和有毒食品而受害的新聞，這些消息總算曝光了，不過這已不僅僅是受害而已，在服用減肥藥上，還可能導致肝臟、甲狀腺機能障礙，甚至鬧出人命來。

在這當中，對日常生活影響最大的是中國產的有毒蔬菜，例如，2002年夏天，經檢測發現自中國

進口的冷凍菠菜中，竟然含有超過標準值200倍以上的農藥殘留。這不是偶發事件，還有檢測出殘留農藥超過日本標準值100倍的蔬菜。

其中最恐怖的當屬茶葉，每年有超過20噸的茶葉來到日本，而茶葉本來就是容易滋生小蟲的農產品，爲了要出口賺錢，當然農藥的量就要用得更多了，現在歐洲國家已經將進口茶葉改向其他亞洲國家購買，而不管知道也好，不知道也好，日本國內卻還是繼續維持著各種形式的中國茶熱潮。

再說進口肉包的添加物、防腐劑、重金屬、致癌性物質等等的複合污染，更是不勝枚舉。在日本，更發現國產乾香菇只三天就開始變色，但是中國產的乾香菇50天也不會變質的奇怪現象，經過檢測之後才發現含有重金屬、福馬林、砒霜等等，原因是栽種香菇所不可欠缺的水源已經遭到工業廢水污染。今天，有毒蔬菜正在日本人的餐桌上直接展開攻擊。

在網際網路上，可以看到「反正是出口到日本，是日本人吃有什麼關係」、「日本人全部死光光的好」、「讓日本倭寇從世界上消失」等等的言論。

當然，他們並不是爲了要讓日本人慢性中毒才如此做的。

譬如，香港不僅食品仰賴大陸，就連水也要仰賴中國供應，因此香港也發生過多起中毒事件，更三番兩次受到中國「毒蔬菜」的荼毒。晚餐一起食用炒花椰菜的一家人，突然一陣上吐下瀉，由救護車緊急送到醫院急救的新聞更是屢見不鮮。

其實不只是出口到國外的蔬菜使用過量的農藥，中國人本身也經常發生自家中毒的實例。這對中國是相當嚴重的一個問題；而對農民來講，農藥用得不多，收穫就會減少，所以，即使是明文禁止使用的DDT和BHC等劇毒有機磷氧系殺蟲劑也照用不誤。結果造成中國的農藥中毒人數每年平均達到10萬人，死亡人數爲1～8萬人，有時更超過這個數字。因爲使用強力農藥和過多的化學肥料，遂造成了嚴重的農產品污染、土壤污染和水質污染，使得生活環境更爲惡化。

另一方面，由於有「是別人吃的沒關係」和「自己不要吃到就好了」的怨恨觀念，這種「妒生」和「欺生」的中國傳統也成爲農業污染的主要原因之一。

亦即，好幾個原因導致了這種惡性循環，造成愈來愈嚴重的後果。

就因為「有錢賺就好」，因此輕鬆地把各種有毒食品送到市場上，結果，各地的中毒和死亡事件頻傳，所謂「生產者的責任和驕傲」等的道德感和責任感蕩然無存。

今天，有毒食品也在中國國內造成話題，從「毒茶」和「毒瓜子」開始，到毒軟糖、毒豬肉、毒奶粉、毒鹽、毒蜂蜜、毒豆腐、毒狗肉、毒酒和假酒為止，數都數不清；因此而死亡的人也屢見不鮮，尤其是1998年的北京毒酒事件（仿冒山西文水縣所產的假酒事件），光是北京就死了30人，造成身心殘廢的人更多達1,000人以上。

中國因為仿冒、有毒、腐敗食品和蔬菜而引起自己中毒的事件正在逐漸增加，而這種「華禍」也正在輸出到世界各地去。

擴大中的中國本土性水質與海洋污染

在極度不衛生的中國生活環境上，帶來新的生活、生存危機的是改革開放後的水質污染和海洋污

染的擴大。

連年乾枯的中國大地，因為沙漠化、草原與森林減少、水資源乾涸等影響，周邊或周邊國家的生態系也產生變化。據說，在一部分沿岸地區，已經看不到生物；而在2003年，更受到119次紅潮的侵襲。在目前的地球環境危機中，可以斷言中國是危機進展最嚴重的一個國家，中國在自然的反撲之下，除了導致「中華民族生存的危機」之外，也會給周邊國家帶來不良的影響，並進而導致全地球人類的生存危機。

自古以來，中國就經常面臨水資源的危機，不過，今天凌駕於水資源之上而襲擊中國的，則是水質污染的危機，目前中國河川湖泊的污染情況已經相當嚴重。中國全國每年有600億噸的廢水和污水排出，其中有80%是未經任何處理就直接排入河川湖泊，隨著水質污染情況的惡化，全中國的湖泊已經有75%受污染。

根據1998年的河川調查報告，全國700多條、超過10萬公里的河川，其中受重度污染者達到16.9%，也就是說，13億的人口已經對農業用水造成

污染，而生活用水和工業用水則未經過任何處理就直接排入水域，使得水質污染的速度急遽加快，而改革開放的加速更是火上加油。然後，為了生產大量蔬菜所使用的氮素化學肥料有一半以上滲入了地下水和河川，而含有重金屬的工廠廢水也流入了內陸的河川，這兩者都變成了重大的污染源。

如中華文明之母的黃河，不僅因為中途乾涸斷流而變成各種內陸河川，而且因水質污染，又無法做為生活用水和灌溉用水，黃河遂逐漸失去了它的機能，朝著死河演進。

再如中國最長的河川長江，每天約有5,000多萬噸的廢水直接流入，還有每年200億噸的工業廢水、70多萬噸含有農藥的農業用水、大量的固體廢棄物、都市生活污染水，甚至糞尿等等也都直接流入，因此今天的長江儼然成為中國最大的排水溝。

長江收納了所有的廢水和污水，而在污水之上生活的，就是「傲慢狡猾的上海人」。人口密度達到東京4倍以上的上海，每天可製造出1,300噸的糞便和超過500多噸的污水。上海被黃埔江和已成為大排水溝的蘇州河環繞，在不乾淨和污穢環境之中，

渾身沾滿了惡臭和唾痰。

　　隨著沿海都市經濟成長的加速，已有70％的水質受到污染，沿海更因珊瑚礁受到污染而大量發生紅潮事件。因為長江流域的森林喪失，大量農土流失，東海已成為巨大的海底沙漠，更喪失了漁場，結果也導致中國漁民必須前往遠洋掠奪海洋魚貝。而隨著河川污染和海底沙漠化，渤海已經漸漸成為死海，甚至即將擴大成為海洋污染。人類會因為中國大地與河川的死亡，面臨新的地球環境污染問題。華禍可能會讓地球如此這般毀滅的事實，世界上的每一個人都有必要嚴肅來認識這個問題，如果不這樣的話，不管召開多少次世界環保會議，也都無法解決根本問題。

侵襲周邊國家的空中病菌與有毒黃塵

　　自古以來，原本應該晴朗的天空被塗上一層「黃塵萬丈」的「沙塵暴」，已經像每年春天的例行活動一樣，從日本、台灣、韓國到中國南方的各大都市的天空降落下來，尤其，會和降落在日本阿爾卑斯山脈的日本海附近的大雪，堆積成黃白各一片。

今天，會受到沙塵暴黃沙覆蓋的不只是以北京為首的幾個華北都市，就連華中華南的各大都市，甚至東亞各國都在範圍之內。

即使如此，這種有毒黃塵對周邊國家的損害還是有限，更嚴重的是空氣污染。

WHO在1998年時，針對世界54個國家272個都市所做的空氣污染的調查，發現中國是污染最嚴重的國家。在世界十大污染都市中，中國以外的都市除了第二名的米蘭、第五名的墨西哥、第十名的德黑蘭之外，其餘的七大污染都市全部都被中國所囊括。

如果說現在還是開發中國家的中國是「污染最嚴重的國家」的話，或許會有人覺得很意外，不過大家都知道，中國的能源消耗量僅次於美國，位居世界第二位，環境污染物質的排放量也是世界數一數二，造成地球溫暖化的二氧化炭排放量也是世界第一，排放量佔全世界總排放量的14％，硫磺氧化物排放量更是俄羅斯、蒙古、南北韓和日本等國家的八倍。

原因是，中國目前使用的第一次能源中的75％

是煤炭。

爲了賺外匯，品質好的煤炭都已經出口，中國國內只好使用便宜的煤炭。而小規模的礦坑幾乎不會進行篩炭和洗碳的處理，就直接送出去進行燃燒，如此一來，也導致了硫磺、氫氣和灰份的含量增加，SO_2、CO_2、NO_x更是遠超過國際標準。SO_2和NO_x就是造成酸雨的主要原因，今天，中國大陸約有30%的土壤結構已受到酸雨的破壞，僅次於歐洲和美國，排名世界第三。

酸雨已經給中國帶來了森林乾枯、湖沼酸性化、建築物和構造的腐蝕，不僅對農業有害，對日常生活也造成相當大的傷害，像肺癌和各種公害都在急速增加。尤其隨著都市污染的年年惡化，空氣、用水和垃圾問題也是一天比一天嚴重，現在的街道更是沈浸在一種讓人窒息的空氣中。

如此一來，隨著季節風而來的黃塵，不再只是「傷害有限」而已，黃塵過境所帶來的是瀕死的中國大地和污染的空氣。而二氧化碳硫磺所造成的空氣污染，則不只是帶來酸雨而已，也傷害到呼吸器官的疾病患者，更會對周邊國家的每一個人的健康造

成嚴重的傷害。

華禍乘風而來，防不勝防，比什麼都可怕。

中國選擇了文明自殺的道路

鴉片戰爭之後的中國，可以說是進入文明史上最大的「徬徨時代」。為了因應西力東來、西風東漸後所直接面臨的文明危機，中國選擇了「洋化運動」來做為自強運動中的富國強兵策略，失敗後，接踵而至的戊戌維新、辛亥革命、社會主義革命等改革、運動、革命持續下來。然後，從文革的「自力更生」路線，180度地轉向「改革開放」。

這一個世紀半以來，中國運動一次接著一次，革命一個接著一個，所有的目標都指向「富國強兵」的共通目標。所有的運動和革命，都在自我否定中華文明。與其說是中華文明的再興與再生，倒不如說是以否定傳統文化和文明做為目標，像辛亥革命是在否定傳統的一君萬民制度，五四運動是在否定傳統文化，而文化大革命也是為了打破舊思想、舊文化、舊風俗和舊習慣的「破四舊」，今天的「改革開放」，其實也是「曾經走過的道路」。

否定「傳統」的「改革」，否定不管怎麼走也會在同一個地方停下來的「固步自封」的「開放」，在日本史中稱之為「開國維新」，正如農業、工業、科學技術和國防的「四個現代化」的口號所揭示的，是一條通往近代化的道路。

　　但是，從中華文明史的角度來看，以放棄和否定獨自的文明為前提時，也是一條通往文明自殺的道路。

　　結果是，不管中國如何反覆進行運動、改革和革命，也沒有辦法「東風壓倒西風」。正因為在改革開放上只選擇了「四個現代化」，而沒有選擇所謂「第五現代化」的「政治民主化」，導致了這樣的結果。

　　然而，作為「前輩」的西洋現代化所面臨的終點就是「地球的界限」。所謂「地球的界限」，並不是人類的文化性、精神性和宗教性的昇華與豐裕，而是根據進步的思想，從進步的界限誕生出來的地球的人口、資源和環境等問題。當全球正在注意這些問題並採取對策時，中國卻以超過西洋近代化的速度，朝著環境破壞之途衝撞進去。

其實中華文明在十九世紀中葉人口超過四億時，就已經直接面臨生態系的崩壞。目前隨處可見的是，社會環境和自然環境的崩潰惡性循環所帶來的饑荒、內亂、餓死和戰死等文明沒落的危機。

中華文明所面臨的危機，就是這一個世紀半以來中國持續不斷地自我否定的運動和革命。

「改革開放」是中國最後的掙扎。在自然和社會都已經破局中，「四個現代化」所帶來的，其實不是中國經濟的高度發展，而是潛藏在這些口號之下的人口、資源和環境的高度危機。

這不僅是中國所面臨的界限，同時也是地球的界限。

中國絕不是他們所自豪的「地大物博」的資源大國，反而是一個人口過剩、資源缺乏的國家。

一般認為，如果要使整個地球上的每個人都能夠維持像美國現在的生活水準的話，則全球維持10億人口是最適當的規模，這已經是世界的常識。但是目前，光是中國就擁有13億的人口。如果中國想要擁有像日本一樣的汽車持有率的話，則中國至少需要六億輛，而把這些車輛排成一列，可以環繞地

球67圈。

如果從地球的能源和地球環境問題來考量的話，則中國所選擇和追隨西方文明的近代道路，無疑是一種文明的自殺，這種自殺也會使地球陷入危機。

資源最貧乏的中國持續朝向現代化狂奔的同時，等在終點站還活下來的一定只剩下「華禍」。過去，黃禍是一種幻想，但現在的華禍是實實在在的東西，所以，到底要坐視華禍的肆虐，使地球和人類滅亡？或採取行動讓人類的未來存續呢？這絕非誇大其詞，危言聳聽，而是今天歷史必須面對的非常抉擇。

第八章

朝軍國主義狂奔的中國

喧嚷「日本軍國主義復活」，正是中國出現危機的證明

「日本軍國主義復活！」這是中華人民共和國政權成立以後不斷喊出的宣傳口號之一。不過建國五十多年來，喊這個口號的音調並不是一直相同，有降調的低音期，也有提高聲音的高音期。

說到低音期，那就是從建國開始到1958～1959年的大躍進時期，這正是中國人有史以來最充滿自信和最感到驕傲的期間。因為在這段期間，中國人已經革命成功，從鴉片戰爭到二次大戰結束之間的「支那人的自卑感」一掃而空，並正在以「世界革命，解放人類」做為解放人民的目標而邁進，揚言要超越英國、趕上美國。在這個時期中，發出了「東風壓倒西風」的豪語，「日本軍國主義復活」等等的這些東西是不會掛在嘴上的，也就是說，他們根本不把日本放在眼裏；或者是說，在改革開放之後的胡耀邦的時代，對這位中國史上最親日的國家領導人來講，所謂「日本軍國主義復活」等等東西根本算不了什麼。

跟在這種低音期之後，必定會來高音期。具體來講，這個期間是大躍進失敗後的文革期，以及1989年「六四天安門事件」之後登場的中國史上最反日的國家領導人江澤民的時代。

　　文革中，本人偶而在日本從事「人民日報」的內容分析和研究的工作，曾經針對「日本軍國主義」狂想曲的音色、音階、和音調的變化進行嚴密的分析與研究，希望從中找出它們與中國政策和運動的關聯性。就是透過這樣的工作，才深深理解到中國有上述的低音期和高音期。

　　那麼，中國政府為什麼像「狼來了」的牧羊人一樣，不斷地大聲呼喊著「日本軍國主義復活」這種完全沒有現實性的口號呢？而且不僅在國內，在國外也是這樣叫嚷著呢？曾經當過中國國家副主席並在文革中失勢，之後又於1972年重新擔任副總理成為鄧小平競爭對手的陳雲，就發出警告說：「進入二十一世紀後，日本軍國主義一定會再度來到中國，中國必須要有所準備。」

　　但是，1972年卻反而成為「中日邦交正常化」的一年；而且，即使在陳雲所預言的二十一世紀的今

天，日本對中國提供ODA（政府開發援助）後，軍國主義也完全沒有出現。順便一提，陳雲是天安門事件時主張鎮壓的強硬派領袖。

　　像這樣，僅就革命政權成立後的中國的極度粗暴的情形來看，中國於吵嚷「日本軍國主義復活」時，至少可以明顯地知道中國內部有以下的問題存在，那就是：

　　①黨內的鬥爭激烈

　　②人民對黨和政府失去信心

　　③爲了推動政策、路線或民衆運動，不得不排除抵抗勢力。

　　④黨和制度正面臨崩潰的危機，因此必須創造新敵人，讓大家產生同仇敵愾的心理，並同心協力向外。

　　以現在的情況爲例，年收入360美元以下的最貧窮階層在中國約有七～八億人，幾乎陷入無法生活的狀態；而另一方面，官僚和黨工幹部的貪污金額約佔GNP的四分之一，相當腐敗。實際上，胡錦濤國家主席也在2003年9月的三中全會和中央政治局的會議上指出：「黨幹部已經遠離人民、壓迫

人民和激化社會矛盾，正引起人民的反抗，讓社會產生危機。」

所以在這個時候，為了讓人民的眼睛離開國內的現實面，以統一人心，遂創造出「共通的敵人」，想出「日本軍國主義復活」的夢幻之「狼」；不僅在國內如此，有時候也會把目標放在美國和韓國，尋求外國一齊發出「日本軍國主義復活」的合唱聲音，企圖強化海外的認同。

日本歷史不可能有軍國主義時代的存在

中國頻頻在「日本軍國主義復活」上高聲呼籲並糾纏不休，難道日本真的有過「軍國主義」的時代嗎？或者是，最近的將來或更遠的未來有可能出現「軍國主義復活」的時代呢？今天，我們有必要從日本全史來做徹底的檢驗。

的確，日本這個國家或民族是一個尚「武」之國，經常被拿來和中國的尚「文」之國做對照，不僅中國學者如此，日本學者也有相同的見解。

不過，日本即使是尚「武」之國或「武士國家」，至少也不是像中國人所說的那樣，因為日本是「武

之國、武士之國」，所以就等於是「尚武好戰」的軍國主義傳統國家的意思。其實，日本自鎌倉時代以來，雖然室町和江戶時代似乎有類似武家政治的時代，但這種政治其實和「軍國主義」云云的東西完全無關，因為日本已將天皇的權威和將軍的權力分割得很清楚，即使武士或武官掌管著政治，也不可能有像「軍國」的這種東西出現，同樣的，明治維新之後的大日本帝國時代也是如此。

武之國的日本，雖然在室町的某一時期曾經被認為是「戰國時代」的戰爭時代和下剋上的時代，但這也不是中國所說的「戰亂」時代。「戰國時代」和「戰亂的時代」是性質完全不同的東西。

而且，在大日本帝國時代時，就算有「法西斯主義」、「皇家主義」和「帝國主義」的話，它們也和軍國主義的性質不同。本人認為，在日本根本看不到所謂「軍國主義」的國家體制和國體，為什麼這麼說呢？因為，日本是以天皇為最頂頭上司的國家。皇軍屬於天皇所管轄，且是否干預統帥權之事也曾經被大家拿出來討論過，或者是，假使大家經常在說的「軍隊的獨斷獨行」確實曾經在某一時期存在

過，或明治維新以後軍人出身的總理確實存在的話，那麼，不管是那一個權力者，也不可能讓軍人所揮舞的權力可以隨心所欲的達到「軍國」的程度。

僅是因為掃了天皇的興，或不受天皇信任而不得不辭去總理職位的體制，是日本的一種傳統文化，不過這種情況在近代已不存在。德川家康、織田信長，或即使是足利義滿的時代，不管是那一位權力者，向天皇的權威挑戰並鼓吹日本軍國主義是不可能的事。

實際上，即使是在「侵略戰爭」（中國和自稱日本前衛文化人所提出的抗議）的大東亞戰爭中，如果沒有日本人提供公家的、私人的、金錢的和物質上的支援的話，則東南亞各國的解放和獨立是不會受到考慮和注意的，像印尼的PETA義勇軍的功績無人不曉就是一個例子；而日本在台灣的經營，其內涵也是在建構一個「內地延長」的近代社會，而不是所謂的「對殖民地的壓榨」，簡單來講，日本可以說是一面在解放「受天朝所控制的大東亞」，一面想要創造共存共榮的社會。

同時我們都知道，明治維新以後的日本竟成為

歐美國家過去經常責難的「黃禍」的另一個對象，繼續把包括日本在內的亞洲刻劃在「黃禍」的歷史名單之中。這種情況，就好像英國史學家湯恩比說明日本人在歷史上留下功績的說法一樣，他說：「在西方人以外的人種面前，日本很明顯是一位『不敗之神』，猶如過去統治亞洲和非洲兩百年之久的西方人一樣。」

以武力改朝換代的中國才真正是軍國主義

在這個地球上，都是由各式各樣的部族、種族和民族來分別創立各式各樣的國家，包括部族國家、城市國家、封建國家、天下國家和世界帝國等等的各種「國家的型式」，因此，人類自有史以來就有各種國家形態的存在。

當然，依時代的不同，既有自生性的國家，也有被征服卻反而膨脹的國家；也有像大蒙古帝國那樣從一個部族整合成各種民族後又再產生很多的烏魯斯(蒙古話，意思是「國家」)的國家，或在歐亞大陸中因軍事征服而創立巨大帝國的國家；既有從黃河中游的中原擴大膨脹後再利用征服和漢化來擴張

的中華帝國，也有像日本一樣從神話時代綿綿不絕維繫到今天的「神國」或「皇國」；然後，也有從「神國」或「皇國」轉生成像大日本帝國、日本國那樣的現代民主國家。

然後，像日本這樣的萬世一宗的天皇國家，國體的變化頂多是「改新」或「維新」而已，因此，也就沒有王朝的交替和革命。

中國則和日本完全不同。不只是各王朝的時代，連更早的時代、更晚的「民國」和「人民共和國」，也都是透過社會主義革命或辛亥革命來建立國家，革命已成為立國的基本原理，也就是說，中國有史以來的國家原理就是改朝換代。

所謂「改朝換代」，說得極端一點的話，就是依靠武力來使權力進行交替的意思。雖然改朝換代也有用禪讓的形式來進行的，不過，這種從王莽時代開始的表面形式，其實是和所謂的「馬背上取天下」的道理一樣，也等於是毛澤東的「槍桿子出政權」的暴力革命論，即使假借了馬克思主義和列寧主義之名，其實這還是中國的國家原理。

皇帝制度是根據儒家的王道說而來的，形式上

是「有德者承天命，以天子統率萬民」，實質上，天子就是擁有國家權力的皇帝，如果依照黑格爾的亞洲專制獨裁論的話，則這個制度就是只一人自由、萬民皆奴隸的國家體制，就中國或中華帝國的國家性格來講，毫無疑問，中國正是最典型的軍國主義國家。

中國的專制獨裁是在宋朝時建立的，如此一來，皇帝的近衛軍就變成了國軍。明朝曾經廢除宰相制度，來讓皇帝可以直接統率三軍；進入民國的時代，則由內戰的勝利者建立政府並統治國家；而到了人民共和國政府時，是由黨、軍來掌控政府並發佈指令，國家的最高權力者是黨軍事委員會的主席，而不是國家主席。

如此這般，不管把專制獨裁叫做封建主義或社會主義，中國自有史以來即是以暴力來建立國家，以暴力來操作國家的軍國主義國家的典型。

最可怕的是，他們在軍事力的行使上絕不猶豫。毛澤東雖然曾說「不能盜取人民的一針一物」，但他更發出豪語說：「即使中國人民的半數死於核子戰爭，剩下的半數也要建設社會主義國家。」果

眞，中國共產黨在之後的天安門事件中，把槍口對著中國人民，這個國家的「領導人」們，充其量只不過是把人民當作下棋的棋子來考慮而已。

持續向全世界輸出暴力的「解放人類」的大義

除了總統大選中獲勝的智利 Allende 政權（1970～1973年）外，共產主義和社會主義的政權幾乎都是以黨、軍的暴力革命來取得的。本來，從馬克思的時代開始，暴力革命就受到好評，被認爲是理所當然的手段，或許當然是當然，但是他們只肯定自己的暴力才是「正義」，別人的暴力則是應該受到責難的「軍國主義」。這種左派的「全體主義國家」不是軍國主義國家、只有法西斯主義和納粹主義才是軍國主義國家的說法，早已被歷史證明是滑稽且不合理的邏輯。

從二十世紀初期的俄羅斯革命起至1970年代爲止，社會主義革命的意識形態曾經風靡一時；尤其在第二次世界大戰之後，自東歐和中國的社會主義革命獲得成功起，到90年代的蘇聯和東歐的社會主義制度崩潰爲止，社會主義革命的威脅確實使東西

方的冷戰持續了半世紀之久，連知識份子也對社會主義的優異性深信不疑。

而於國共內戰中勝出、成立人民共和國的中國，則不僅在中蘇的蜜月期時代，也在文革結束前的期間，積極進行以「世界革命，解放人類」為目標的革命輸出。當然，輸出的東西不僅是毛澤東思想的這種軟體，為了支援暴力革命，也將義勇軍和武器這種具體性與物理性的力量輸出到世界各地。結果讓世界各國的政府持續遭受到毛澤東思想污染──華禍的恐怖。

文革中的中國，不僅把毛澤東的思想當作「吾黨之魂，生命之綱」，而且連「現在如此，百年後千年後也是如此」都被立為典範；甚至揚言「偉大的領導人和毛澤東思想是中國七億人民心目中的太陽，也是全世界革命人民心目中的太陽」、「毛澤東思想不僅是中國的百科全書，也是世界革命的百科全書」、「中國是世界革命的中心基地，政治軍事的中心和技術的中心，也就是世界革命的武器工場」。

把「世界革命，解放人類」做為目標之後，中國將人民義勇軍送到朝鮮參戰，希望以人海戰術在朝

鮮戰爭中取勝；接著，也在亞洲的越南戰爭和柬埔寨戰爭出現，更支援非洲和拉丁美洲各國的革命游擊隊，在「解放人類」的前提下，不吝提供各種支援。

這些事實對中國政府來講，是有世界革命的大義和偉大的目標，但是從世界的自由主義陣營的角度來看，實在是相當可怕的華禍；尤其是東南亞的華僑，捲入這種共產主義革命的漩渦中，已經讓他們和東南亞國家的民族產生對立的狀態，播下了華禍的衝突種子。

以「世界革命，解放人類」做為目標的中國軍國主義路線，不只指導世界革命，也具體提供最大的軍事力量的後續支援。

另外，人民解放軍於1950年侵略西藏的事件，則是中國的社會主義革命和解放人類的本質的一種展現。自50年代末期到1959年的拉薩武裝反抗為止的這段時間，起來抵抗解放軍暴力的西藏人，約有120萬人被屠殺。當然，中國的少數民族被屠殺並不只發生在西藏而已，這種以武力來同化「夷狄」的中國傳統強權政治和恐怖政治，仍然繼續存在著。

以重建中華帝國爲目標的江澤民的軍國主義

胡耀邦下台之後，中國又再度呐喊著「日本軍國主義復活」，可是在天安門事件後，中國卻朝著強化軍國主義路線快速前進。這種情況好像是做賊的人喊捉賊一樣，從日本的角度來看，則有被「冤枉」的困擾。

在江澤民時代，由於黨內的軍權爭奪相當激烈，官員出身的江澤民不惜把軍事預算和軍人地位提高以籠絡軍方，這樣一來，更使得軍國主義的路線往前邁進；之後，江澤民更趁著東西冷戰結束後歐美俄的軍力縮減的好時機，繼續加速擴張軍力以填補冷戰結束後的軍事空窗期，也就是說，爲了建立可以和美國的「獨霸（單獨霸權主義）」對抗的中華帝國，必須採取擴張軍力和軍國主義的路線。

大家都知道，中國這種與舒解全球性緊張和縮減軍力的潮流背道而馳的作法，在擴張軍力的政策下，軍事預算14年來每年都維持著兩位數的成長。當然，數字之所以能夠成長的背景，除了拜中國的經濟快速成長之賜外，因日本ODA援助而節省下

來的基礎建設資金可以挪作他用也是原因之一。至於中國擴張軍力的內容，則包括核子飛彈等新武器的開發、把台灣和日本納入射程範圍的中距離飛彈DF21、盜用美國技術所開發出來的DF31、陸上導向飛彈、中子彈等等；另一方面，也反對美日的TMD的研究開發，就好像是拿著槍對準美日恫嚇說：「不許穿防彈背心。」

　　為了維持海上的自由進出，也把過去的國家戰略從「地理性國界」變更為「戰略性國界」，也就是說，變成了大陸棚國界線、陸海空和太空的三次元空間。同時，戰略性的防衛政策的轉換也在進行中，這也是基於確保「戰略性國界」、擴大地理性國境的想法。而大幅報導太空開發計劃的目的，不用說也是軍事上的理由。

　　中國的「戰略性國界」的防衛線，從80年代的中葉開始，已經擴大到從北方的白令海、鄂霍次克海、日本海起，一直南下到南海的西太平洋、印度洋為止；另一方面，則劃定了海軍的海洋防衛區域，並以2010年做為目標，穩步地發展航空母艦建造計劃。

事情到此還沒有結束。中國更一面高唱：「不到海洋，中國人就沒有二十一世紀。」一面以太平洋的海上發展為目標。而這個目標的目的，也是要把目前約100萬平方公里的海域擴大到300萬平方公里。

　　如此這般，江澤民時代的中國還是繼續朝軍國主義路線快速前進。的確，中國社會已經有經濟過熱的現象，一切都是「向錢看」，但即使如此，也絕對不能鬆開傳統的軍國主義。對美、日、台三國，則要以高姿態加強恫嚇，把美國霸權主義、日本軍國主義和台灣分離主義當作三大敵人，並加強愛國主義和民族主義的教育，以復興中華。其結果是，中國青少年透過網際網路大肆攻擊美、日、台，出版界流行著二十一世紀中美戰爭的模擬小說和軍事讀物，中國社會清一色被未來的「次回之戰」熱潮團團圍住。

　　印象尤其深刻的是中國駭客們的網路攻擊。在2001年的4月到5月間，中國駭客集團侵入美國1,000個以上的網站。這些叫做「紅客聯合」的駭客，讓美國白宮的網站陷入6小時左右的無法運作狀

態，他們卻大叫著這種方式可以證明他們的愛國精神。

2001年8月，為了抗議小泉首相到靖國社參拜，日本的政府機關和研究單位總共有13個網站被侵入竄改資料，還被掛上「對日本政府表示憤怒」、「全部的日本人都在瞎扯」的詞句。

這些都是網站暴力（Cyber Terrorism）發展之後無法控制的事件。

中國確已朝著網站暴力或IW（Information Warfare）的體制穩定發展中。日本雖然認為中國的IT技術落後，但中國已經引進開發後的系統，因此比日本的發展速度還要更快，而且他們還以模仿和盜用而洋洋得意，對他們來講，盜用到中國投資的外國企業的IT技術，簡直是輕而易舉的事。中國人使用網際網路的人數，在這二、三年急速增加，中國已以僅次於美國的世界第二名的網路人口而自傲。

比上述白宮網站被侵入事件更早兩年的1999年，就已經有白宮以外的政府機關的網站被入侵的事情。當時是為了要抗議美國軍機誤炸中國大使

館，導致3位中國人死亡的事件，其實這個事件的背後有共產黨員或軍人的陰影存在。這種情況並不是中國政府把美國當作對手來洩恨，而只是爲了發展網路攻擊力時的一種步驟。

從更改網站首頁，到竊取電腦內部的機密資料，最後侵入社會基礎建設的網路，來讓都市機能和經濟機能癱，這些發展都可以透過電腦來控制，因此，不使用飛彈也可以讓飛機墜落的事並非不可能。

中國的威脅不在經濟，而在沒完沒了的軍事擴張

改革開放後的中國從90年代初期開始，在歐美和日本等國家之中出現了「中國抬頭」論，有很多的高論卓見紛紛出籠，像「世界的工廠」、「最大的市場」、「日本將會被中國吞食」、「日本經濟是中國的十分之一」、「二十一世紀是中國人的世紀」等等。之後，自進入2000年起，對中國的經濟成長開始產生懷疑，出現了很多像「中國即將崩潰」的論述，當然，主張中國威脅論和崩潰論的人中，也有很多中國人。

不管是威脅論或崩潰論，中國政府都以「嫉妒中國的經濟發展」或「想阻止中國的發展」來回擊，很多人認為這是在對中國唱衰。

　　把中國威脅論和崩潰論全部當作「反中國」是很奇怪的事。尤其是擔任中國政府代言人、一手包辦中國宣傳工作並參與中國抬頭論和繁榮論的那些大眾媒體、學者、中國觀察家和新聞記者，大致上都把中國威脅論當作是對日本的經濟性威脅，甚至也有很多比較極端的人把它改成「日本不行論」和「向中國學習論」，從中也可以看到，明明是一些對中國無知的謬論，卻說得頭頭是道。

　　在這裏首先想要駁斥的是，把中國的威脅放在經濟上，只是一種錯覺而已。把中國經濟威脅論掛在嘴上的人，其實只有那些擔任中國政府代言人的中國抬頭論者和啟蒙論者，他們幾乎不會說出中國的軍事威脅，似乎只想強調「威脅」，只和經濟繁榮有關，來避開別國對軍事威脅的注意。

　　那麼，經濟又如何呢？其實，中國是開發中國家，即使連江澤民，也在1999年訪問法國的時候說過：「50年後才能成為一個繁榮的現代化、高度民

主化和資本化的社會主義國家。」認爲社會主義的完成是在二十一世紀的中葉。如果說眞的會有「中國經濟的威脅」的話，那麼，除了便宜的人事費用之外、中國什麼也沒有，而如果依照中國的民主運動家的說法，則除了無止境的搾取中國廉價的人工之外，也沒有其他東西了；即便是「最大的市場」論，或許一聽到擁有12億的人口也會在不知不覺中想要去接受它，不過，中國市場的成立都只在沿岸地區，而且，有消費能力的中產階級也還未形成。

中國眞正的威脅在於軍事擴張。經濟如果繁榮的話，即使有可以招致鄰居嫉妒的事情，也不至於變成一種威脅，因此，充其量只是「嫉妒論」，而不能說是「威脅論」；而且所謂嫉妒心，就是中國人經常說的「眼紅病」，嫉妒心是現在中國最流行的心態之一，像中國社會所說的「嫉富」和「仇富」都是。但被說成嫉妒中國的日本，不但沒有像中國人的「仇富」那樣去怨恨別人的好福氣，反而還在不斷對中國提供ODA援助。

中國是超大型的國家，不管是怎樣的國家，企圖侵略中國的國家今天還看不到。中越戰爭時，雖

然使用了「對越南侵略中國的懲罰」這樣的藉口，但這是強詞奪理。如果只是要鎮壓國內的反對勢力，則根本沒有必要去開發核武或飛彈，更沒有建造航空母艦的必要，當然更沒有理由去反對美日的TMD。中國沒完沒了的軍事擴張，既然不是針對霸權國家的威脅，而只是自己在那邊自豪的說是為了「人類的和平」，這到底是什麼樣的邏輯呢？

「中國的核武是和平用途」的詭辯與恫嚇效果

中國的政權成立不久，就因為獲得蘇聯的支援而進行核子開發。在蘇聯解體之後的今天，日本國內再也沒有聽到：「美國的核子是污染的、中蘇的核子是乾淨的。」的說法了，但是，中國卻還在持續主張自己發展核子的正當性，持續進行核子開發。到90年代末期時，據估計，中國的核爆彈已有700枚，戰術性核武器約150個，戰略性核武器約300個。

中國持續進行核子開發的邏輯是這樣的：

中國自己控制了核子試驗的次數。自1964年7月東京奧運起，到1994年10月廣島亞運止的30年

間，相較於美國的1,029次和蘇聯的715次來講，中國只不過是41次而已，何況中國內部也有「不先使用核子武器」的自制原則，所以比起全面廢止核子武器，如何阻止美俄的核子獨霸反而是比較重要的課題。因此，中國只是在「以核制核」罷了。

總之，中國的「核子試驗」和「擁有核子」的目的，是在於「抑制核子的使用，把人類從核子的恐怖中解救出來」。中國的核子不是美國的那種「惡核」，而是「人類救星」的「善核」。因此，中國對1996年之前預定締結的「全面核子試驗禁止條約（CTBT）」的協商，堅持主張「和平的核子試驗應該視為例外被允許以例外來承認」。中國的託辭是：「在還沒有完成可以和美國對抗的核子武器之前，中國應該繼續進行核子技術的開發和試驗，因為這是國家總體防禦上不可欠缺的條件。」

只有中國的核子是「和平的」，中國以外的核子全部都是「非和平的」，這種說法足以做為中華思想的中國式邏輯，它的獨善性無論怎麼說也是中國式的。

中國也經常把這個「和平的核子」活用在恫嚇的

用途上。

　它的最大目標，當然是台灣。中國已經針對台灣舉行了數次的軍事演習，其中對核子的使用，中國的沙祖康軍縮談判代表就驕傲地說：「在中國不先使用核子武器的政策上，對台灣是不適用的。」（「日本經濟新聞晚報」1996年8月5日）實際上，指向台灣的可搭掛核子彈頭的飛彈已經裝備完成。簡單來講，中國的「核子」是針對「分離獨立」和「民眾暴亂」時使用，中國的軍隊領導幹部的這種國內叛亂鎮壓之用的「核子感覺」，到底和人類的實際狀況有多大的距離，上面這句話已完全道盡。

　再說當中國公佈「已開發出中子彈的設計技術和核子武器小型技術」之後，中國的軍事雜誌《國防報》立刻主張說：「對台灣的攻擊，要減少建築物的破壞，使用中子彈的最具殺傷效果的。」極盡挑撥之能事。

　目標不只是台灣。前軍事委員會副主席張震，曾經在中國共產黨中央軍事委員會擴大會議中，也對美國發出恫嚇：「祖國的統一是中國內部的問題，沒有必要在意國際輿論和外國的制裁，大致上

核子武器的情況也是一樣，美國多達5次的破壞行為已經夠了。實際上我們所擁有的核子武器是經過美國20次破壞的結果。此外，雖然被破壞一次是可以接受的，但即使只是一次，也要讓美國人的頭腦冷靜下來重新思考現實上的問題吧。」

當然，日本也是目標。蘇聯崩潰之後，中國把三分之一的核子武器轉移到瀋陽軍區，把日本全部涵蓋在射程之內。

根據中國的軍事專家的說法，如果丟下20枚100萬噸級的核子彈頭在近代產業集中的島國日本的話，日本就會從地球上消失。這個會引起騷動的意見，被大大方方的刊載在軍事誌上，因此，李鵬總理曾經向澳洲總理吐露：「日本雖然不是嘴上說的那種微不足道的國家，但頂多20年後就會從地球上消失。」

雖說如此，中國的軍方幹部卻把日本視為二十一世紀對中國的最大威脅，很多中國軍事專家和軍方幹部也主張：「由於日本的科學技術具有可以馬上製造核子武器的能力，因此，在讓日本成為軍事大國之前，必須先使用核子攻擊。」

就沒有核子武器的日本防衛論而言，如果沒有如何防止中國的「核子武器第一擊」的假設存在，則所謂的防衛論是不完整的。

　　但是本人把這個「核子武器第一擊」向日本軍事專家請教時，所有的回答幾乎都是「那是不可能的」，都抱著過於樂觀的態度。其實，本人覺得比較不可思議的地方是，相對於北韓的核子威脅的持續討論，有關中國這方面的議題卻幾乎沒有被端上來切磋一番，說它是一種忌諱，一點也不過分。

　　北韓確實擁有強烈的反日意識，但是中國的敵日和仇日意識更是凌駕於北韓之上；而且和北韓不同的，中國已經把日本做為目標在進行核子開發。畢竟，日本對華禍的防備工作還沒有那麼完全，喔，不，豈止是不完全，根本就是一點都沒有對華禍的認識。我不得不這樣懷疑。

把台灣視為「神聖的固有領土」的妄想

　　在戰前的中國論中，第一章中談到相當有名的矢野仁一教授的「支那非國論」和「支那無國境論」，不過，它們在戰後卻受到很多的批評，本人覺得批

評的人實在奇怪，可能都不太用功。

因為中國人自己也把那些東西當作「國家驕傲」在到處吹噓主張，專研印度哲學的梁漱溟也是其中的代表人物之一。的確，「普天之下皆王土」的這種王土王民論，和中國不是國家、是天下的這種天下國家觀，都是作為「支那非國論」和「支那無國境論」的中華思想的一種自豪。起碼從黃河中下游的中原起一直持續擴張版圖的五千年的中華帝國的擴張史來看，「支那非國論」和「支那無國境論」就是一種史實。

的確，宋朝時代曾想奪取擁有軍事重要位置的中國東北部的燕雲十六州，卻不幸敗戰而回；而接下來的南宋時代，華北地區全部被金王朝所佔領；進入明朝以後，靠著侵略把領土擴大到蒙古，不管是從文化、植物圈或民族意識來看，幾乎都是中國人最滿意的狀態，也就是說，中國的傳統固有領土在這個時候形成；再來就是清朝，滿州人不只是征服中華世界，長城以外的地區和西域西藏也在康熙、雍正和乾隆的三代王朝中被征服，所有的周邊國家都受管轄，變成屬國化；而進入中華民國和人

民共和國之後，這些都被主張為「中國固有領土」，因此，成了「國境糾紛」的元兇，造成亞洲地區的不安定。

今天中國的領土已經超過了明朝時代360萬平方公里的固有領土，面積已經擴大到接近三倍，即使如此，中國還是不滿足。在蔣介石的中華民國政府時代使用的高中歷史輔助教材的《蘇俄在中國》、和被認為毛澤東自己編纂的《近代中國小史》之中，就主張從西伯利亞到中亞、東南亞、東北亞為止的領土全部都是被列強所奪走的土地。

因此，在這種大蒙古帝國和大清帝國所征服的土地乃是中國絕對不可分割的神聖固有領土的主張下，配合人民共和國成立後的「世界革命，解放人類」的意識形態，遂成了中國與印度、蘇聯和越南等國家發生17次戰爭的根源。中國這種無止境的領土主張，也越過大海，不僅強辯說台灣是絕對不可分割的神聖領土，還擴及到琉球，主張琉球是在1874年被日本奪走的土地，隨後並透過這種說法，開始宣傳日本侵略中國的種種事蹟。

人民共和國政府自從放棄「國家消亡」的社會主

義理論和理想之後，就開始把過去隱忍下來的領土野心急遽地發洩出來，使得華禍以中華世界為軸心，逐漸擴散到周邊領域去。

軍國主義的魯莽行事是社會主義制度崩潰的潛在因素

1989年的六四天安門屠殺之後，由於人民解放軍所造成的自相殘殺和踐踏人權，使中國受到了歐美國家的經濟制裁，當時，日本是唯一對中國表示支援和同情的國家。

在那種經濟困境之中，鄧小平開始對歐美使出恫嚇的手段。

「假設，中國崩潰的話，將會有上億的人口外流，那時候，感到困擾的是周邊國家，不是嗎？即使這樣也沒有關係嗎？」鄧小平採取反手策略，以華禍的可怕來恫嚇歐美國家。

被封鎖在中國國內的盲流，若成為國際盲流在世界各地流動，確實是很可怕。因此，歐美各國對中國社會主義體制所採取的經濟制裁，最後是無功而返，反而還必須加以協助。因為，不得不防止華

禍大規模地向全球擴大。

　　那麼，繼續堅持「四個原則」來改變改革開放的路線，並且只留下共產黨一黨專政而讓社會主義慢慢變成有名無實，難道就能夠防止體制崩潰嗎？實際上這也是不可能的，因為中國內部對馬克思列寧主義和毛澤東的信賴和幻想已經完全崩潰，「社會主義的優越性」的信心正面臨破滅的危機。目前，雖然想以「愛國主義」和「民族主義」來取代社會主義意識形態，但這恐怕反而會加速社會主義體制的滅亡和崩潰吧！在經濟是市場經濟、意識形態是愛國主義的這種情況下，怎麼可能會有社會主義體制存在時所需的「正義」和「思想」呢？相信馬克思也會嚇一跳的。

　　至於最後一根稻草的共產黨一黨專政，的確可以在所有社會菁英都是從一億黨員中篩選出來的黨工幹部，和所有人民都可以愚弄的情況下，繼續苟延殘喘下去；另外，在資本家可以獲得入黨許可的情況下，如果能夠讓這個黨從階級之黨慢慢變成國民之黨，並讓這個特權階級之黨的內部產生質變的話，則社會主義體制繼續存活或質變的邏輯，或許

可以因為這種「和平演變」而成立，但即使如此，如果體質無法改善的話，那麼共產黨還一樣是過去的共產黨。

中國對「無官不貪」的官僚貪污問題，和農村與都市之間所得差距的三農問題（農業、農村、農民），都已經不再有能力去解決。國家的財富集中在1%的黨工高級幹部身上，使得連共產黨內的長老都不斷發出有可能「亡國亡黨」的警告。如果中國的盲流因為這種亡國亡黨的危機，而像決堤似大規模擴散到地球上去時，那會是怎樣的情形呢？

軍國主義是讓中華帝國於對立與抗爭中生存下來的宿命

比起教育和經濟，中國為什麼必須要把軍事擴張列為最優先呢？如果要以一句話來回答的話，那就是，中國國家生存的宿命。

中國是一個多文明、多文化、多民族、多宗教和多語言的社會，而且也是一個利害關係對立激烈、幾乎無法共存共榮共生的多文化複合社會。這是過去的皇帝討伐異民族來擴大版圖所帶來的結

果，因此，若說當然就是當然。

要強迫這種多元化的社會和多元化的天下，使其成為一個統一的國家時，當然會出現社會混亂的現象，而會造成這種現象發生，「中華才是正確」的中華思想是主要的原因，因為，只要是違反這個中華價值觀的東西，都應該以外力來制止。所以，即使舊體制崩潰，也要重新在「中華帝國的復活」的名義下，使用強制力量來統合，這是中國的宿命。因此，在50年代後期開始到60年代之間發生的西藏屠殺事件就是如此。

其實，不只是西藏的屠殺，根據共產黨的內部文書記載，1993年時新疆維吾爾自治區的12個縣市發生了大規模的暴動，1996年時有50次，1997年的暴動有數百人死亡；尤其是1996年時，中國政府曾經發出名為「百日整肅」的秘密指令，當時約有6萬維吾爾族人被逮捕，而為了殺一儆百，除了把被逮捕的人公開處決外，據說也有在零下八度的屋外脫去衣服，再從頭上澆水讓他凍死的暴行（「產經新聞」1997年4月2日）。

中國目前有55個少數民族，所實施的「同化政

策」，不外乎是剝奪民族自決權的漢民族化政策；在學校教育中，只准許小學進行語言等方面的民族教育，中學以上則強制以中國話來教育。結果，像蒙古自治區的蒙古人，據說其中的三分之一已經完全不會說蒙古話。

的確，在中國的民族制度之中，如果少數民族超過地區人口的30％時，就可以成立「民族自治區」，所謂「自治」，只是表面上的名稱而已，因為，中國目前的少數民族的行政區域雖然有5個自治區、30個自治州、121個自治縣、1,267個民族鄉，但是掌管這些區域的政府、軍隊和司法的幹部，全部都在中國政府的控制之下。

當然，在其他的地方也有多民族和多文化的國家。那麼，為什麼只有在中國沒有辦法建立民意體制，必須經常以強制力和專制政治來進行呢？人治社會絕對不可能產生法治社會嗎？原因是，中國的國家原理，不，在這裏稱作「國家原理」或許不太合適，因為，就像我們所看到的，中國是一個「天下」的文化概念，不是「國家」的這種政治概念，即使是社會主義中國，這種情況也沒有改變。

歸納起來就是政治的向心力。通常，對國家而言，政治和經濟是不可分割的，不過由於中國不是國家，因此，如果想要加強政治向心力的話，則經濟的統一性就不是特別值得提的問題。如此一來，因利害關係所產生的抗爭當然不得不隨它去。

　　加上在中華帝國之中，不僅有中央與地方的利益衝突，也有沿海與內陸、南與北、西與東的利害關係的對立，都處在抗爭的漩渦之中。

　　而究竟要如何處理呢，如果想根據中華帝國的統治原理來維持政權的安定，則必須經常強化思想和主義的獨尊性，也就是說，有必要建立一個「一言堂」或思想控制或洗腦的管制體制，例如秦始皇的焚書坑儒、漢武帝以後的獨尊儒家、或人民共和國體制下的馬克思列寧主義和毛澤東思想的獨尊等等都是。在這裏，「多元化的價值」和「表現的自由」是不被允許的。

　　因此，中華帝國不是依據民意基礎的原理，也因此，中華帝國只要由一位承天命的有德者、或英明的領袖、或偉大的舵手來領導就可以。然後，在少數菁英份子的統治之下，大量的愚民就因此被要

求和培育出來，這也是根據孔子所說的「民可使由之，不可使知之」的主張。

中國國內正捲在各種矛盾的漩渦之中。如果想解決這些問題，唯一的方法就是必須經常創造出一些外來的敵人，讓民眾的不滿可以向外來的敵人發洩。這也就是為什麼人民共和國建國之後，經常向美國帝國主義、或日本軍國主義、或越南小霸權主義挑釁的原因之一。

隨著中華帝國幽靈的復活，華禍不只經常在鄰近國家，還在全球各地醞釀著戰爭。

二十一世紀的最大威脅是中國永無止境的領土擴張

在近代民主國家的形成過程中，的確發生過各式各樣的領土糾紛，從希特勒的大德國主義所造成的傳統世界帝國的解體、傳統固有領土、強國要求弱國分割領土等等都是。不過，第二次世界大戰之後，由於國家領域大體上都已成為既成的事實，因此國境的糾紛減少了很多，而即使像喀什米爾那樣，在印巴雙方的主張分歧而無法解決之下，也能夠照樣保有「國土」，雙方更沒有中國的那種強詞奪

理的領土主張。

這種中國的領土主張，也是二十一世紀的糾紛的亂源。

清帝國的東亞世界的征服和征伐，以及領土擴張，約在十八世紀末期的乾隆皇帝時代劃下休止符。乾隆皇帝對自己10次出兵邊境並全部征服的功績非常自豪，自稱「十全老人」，所征服和擴大的版圖也被當作「十大武功」記載於歷史之中。

不過，漢民族國家的宋朝和明朝，雖然沒有放棄「普天之下皆王土」的想法，但也絕不會把「夷域」當作固有領土來考量。

然而現代的中國人卻被政府無理地要求把元朝和清朝所征服的領土當作「神聖不可分割的固有領土」來認識。這無疑是「幻想中的固有領土」。

本來，中國人從中華帝國的時代起就有強烈的華夷意識，具有「普天之下皆王土」的王土王民的思想。前面曾經說過，秦國被承認為中原中國的一員是在春秋時代，而滅亡吳越的楚國則在戰國時代被承認為中國的一部分；漢朝雖然征服福建，但一直沒有把它當作漢土來承認；而福建被承認為中土和

漢土的時間，是在五代以後的宋朝。

宋朝時今天的雲南貴州是大理和南詔之國，很明顯不是漢土，直到明朝末年時，雲南貴州才被認定是中國的一部分。

當然，嶺南地方的越，從秦朝時代開始就屢屢被征服過，不過由於「越」和「越人」的語源本來就含有「越過」的「外國」的意思，因此，今天的越南逐主張長江以南之地乃是越人的傳統領土，是被中國侵略的祖先之地。從中國的南侵史來看，這是史實沒錯，「越蠻」和「苗越」是中國的原住民。

自十九世紀起到二十世紀初之間，大中華主義者的梁啓超和大漢民族主義者的章炳麟等人之領土主張，幾乎可以視為近代中國人的固有領土觀的代表。

的確，於清朝全盛期被征服的順加帝國的領地──古代的西域，在回亂之後被當作「新疆」，重新編入清帝國的領土，即使如此，很多中國的知識份子仍都把它當作新編領土，而非中國固有的領土來看待。清帝王崩潰時，包括孫文在內，都不主張滿州和西藏是中國的固有領土。

中國人無止境地主張廣大的領土，是從戰後開始的。其中最具代表性的是，被當作學生歷史教材的蔣介石的《蘇俄在中國》、和毛澤東的《近代中國小史》。

　　把中國的固有領土大幅擴大到全西伯利亞、中亞和東南亞，是完全沒有根據的。因為這都不是學校歷史教材上經常主張的大蒙古帝國和清帝國全盛時期所征服的土地，也就是說，不是「絕對不可分割的神聖固有領土」。實際上，中國也是被元和清征服的土地。這就像印度從英國獨立出來後，主張加拿大、澳洲和所有大英帝國全盛時期的英國領土與自治領地，全部都是印度的絕對不可分割的領土一樣，任何明眼人都知道，真是滑稽到極點。

　　但是中國卻還是厚顏無恥地持續主張擴大領土，尤其是最近，不僅主張建國後未編入的台灣是領土的一部分，還擴大到琉球，說那是被日本奪走的固有領土。如果從日本、越南和朝鮮都是中國人創立的國家的這種主張來看，那麼，日本應該也是中國神聖不可分割的一部分。

日本的前衛文化人可能會是華禍的引路人

在本書的最後，本人想對日本和日本人敲一下警鐘。

戰後的日本人具有強烈的和平取向，堅持非武裝中立的立場，把揚棄戰爭列爲最高的價值。尤其，自稱是和平運動家、前衛的知識份子和文化人，每一個人都對日本政府的「右傾化」投以高度的關注，對美軍攜帶核子進來的可能性也神經兮兮地加以追究，不過，卻讚美中國是「解放人民的根據地」。就在這種情況下，中國正穩步以日本爲目標，進行核子武器的裝備工作。

中國自朝鮮戰爭後的1955年起，就決定發展核子武器。隨後在1970年把200萬噸的核子彈頭瞄準日本，並配備射程2,700～3,500公里的24座東風三號飛彈。長期以來，中國不斷地要求日本對「過去的侵略」謝罪，也因此透過ODA的援助而獲得了巨額的資金，讓中國可以發展包括核子武器在內的軍事力量。對已瞄準日本的核子武器，中國甚至大言不慚地說：「日本列島已全部在射程之內，在緊要關頭，日本列島就會從地球上消失。」

今天，中國更將戰略性國界防衛變更為國家戰略，試圖挑起自由進出海洋的「超限戰」，這些全部都是為了二十一世紀的世界霸權戰爭所做的準備，日本人對這些現實狀況，有必要認真看待。

在美國相當有名的中國通Fairbank先生就指出，中國人的思考模式是，明確的劃分表面話和真心話，經常在說表面話時，裏面就有真心話隱藏著，在日常生活上也擁有戰略性的思考，這些都是中國人的特徵。而和中國人有著截然不同的思考模式的人則是日本人，日本人正直到有點笨，個性又直率，經常把真心話全部表露出來，從具有戰略性思考的中國人來看，這樣子的日本人簡直就是可以任我宰割的最佳冤大頭。

中國解放軍的喬良和王湘穗兩位空軍上校，是提出「超限戰」主張的人。他們在《超限戰》這本書已經把「超限戰」說得很清楚。「超限戰」的契機，是波斯灣戰爭和1996年台灣舉行總統選舉時的威嚇攻擊。根據該書的解釋，所謂「超限戰」，係指在異次元下的對外戰略，是一種多元化、混合式、全方位和使用所有手段與無限資源，來使對方屈服的戰鬥

方式。

更具體來講，就是不僅使用核子武器和中子彈，也使用從歐姆真理教獲得啟示的沙林等毒氣，還有伊斯蘭教基本教義派的恐怖攻擊、索羅斯在東南亞引起通貨危機的經濟戰爭、電腦病毒的釋放和毒品等藥物的使用等等所有能夠想得到的手段的戰爭，換言之，是一種把過去的戰爭原則和方法全部再建和展開的戰爭。

在既無規則亦無法則的戰爭中，沒有特定的戰場，也不作正面對決。不僅如此，武器、軍人、國家、技術、科學、理論、心理、倫理、傳統和習性等項目也沒有界限和境界。在很多場合下，沒有戰火、砲火和流血，但交戰時所引起的破壞力絕不輸給軍事戰爭。

在超限戰中，也沒有陸海空、政治、軍事、經濟和文化等之境界。超限戰的最大本事是超越孫子兵法、吳子兵法和Clausewitz的戰爭論，以無限的手段來讓敵人屈服。

他們在這裏想要利用的，是日本的和平運動。主觀上，日本的和平運動無論如何都是在讓日本國

力衰弱化，它的主要目的是讓日本失去對外關係的力量。而中國就充分地利用這個弱點來展開超限戰。

對於超限戰，有位研究伊斯蘭教的學者發出了這樣的疑問：「在中國人提出的新戰略中，是不是想把過去的日本神風特攻隊的戰略和伊斯蘭教徒恐怖自殺攻擊的戰略結合在一起？」不，中國人是不可能這樣做的，因為中國人是世界上最自我中心追求實利的世俗化民族，即使在高談闊論中強調為他人犧牲，也是把自己當作例外來處理，所以，所謂即使犧牲自己也要戰鬥到底的創意想法，根本就不存在。正因為如此，才要利用日本的和平運動家和那些仍然對中國存有幻想的前衛知識份子，而不是利用中國自己。

另一方面，日本的和平主義者認為，如果日本能夠在所有的國際紛爭中持續保持中立立場的話，那可以貫徹國家和平主義，並輕易地避免日本受到無特定對象的恐怖攻擊，這就是和平主義者持續吶喊「非武裝中立」的理由。

不過，現在的國際環境已經是戰後半世紀以來

由美國所營造出來的環境，日本只不過是乘坐在上面，貪圖一國和平的國家而已。換言之，日本在國際環境的建立上沒有貢獻和提供協助，不只是安享著安全和平，日本的和平主義者還在旁邊吶喊國家和平主義。世界上能夠允許這種利己的行動存在嗎？不僅這樣，和平主義者還受中國利用，讓華禍擴散在世界上，這一點，本人強烈地希望他們能夠有所自覺。

庇護日本安全的美國的獨霸，已經到頂了。因為1995年時，中國和法國進行「核子試驗競賽」；兩年後，印度和巴基斯坦也進行了核子試驗；也不敢保證能制止北韓的核子性能的提升。凡此種種，都表示美國已有無能為繼的窘況。一面依賴美國的核子保護傘，一面說「不製造核子，不擁有核子，也不讓核子進來」的日本機會主義的想法，已經不再能通用於未來的時代了。

不只是中東的以色列和巴勒斯坦問題，全球逐漸擴大的恐怖自殺炸彈問題，也自2002年9月11日的美國恐怖攻擊事件之後持續到今天，並已成為各國安全防禦上的重要課題。這個問題已經在俄羅

斯、印尼、菲律賓、利雅德甚至於摩洛哥發生，不管那一個事件，都已經不是一個國家的問題了。當然，日本也是恐怖攻擊的對象，雖然伊拉克的日本人質已無條件釋放，可是，這並不就表示吾人高枕無憂。

在新的國際環境的變化中，吾人應該如何因應呢？這就是我們所要問的，特別是對「華禍」，吾人更應提高危機意識！

國家圖書館出版品預行編目資料

Ka-Ka: 華禍 / 黃文雄著;洪平河譯 -- 初版.-- 臺北市：
前衛, 2006[民 95]
293 面；17x11.5 公分
譯自：Ka-Ka : the eight perils from China
ISBN 978-957-801-515-9（平裝）

1.政治 – 中國 – 論文, 講詞等 2. 經濟 – 中國 – 論文,
講詞等 3. 社會–中國 – 論文, 講詞等 4. 軍事 – 中國 –
論文, 講詞等

574.107   95022616

Ka-Ka: 華禍

著　　者　**黃文雄**

譯　　者　**洪平河**

出 版 者　**台灣本鋪：前衛出版社**
11261 台北市關渡立功街 79 巷 9 號
Tel: 02-28978119　Fax: 02-28930462
郵撥帳號：05625551
E-mail: a4791@ms15.hinet.net

http://www.avanguard.com.tw

日本本鋪：黃文雄事務所
humiozimu@hotmail.com
〒160-0008 日本國東京都新宿區三榮町 9 番地
Tel: 03-33564717　Fax: 03-33554186

出版總監　**林文欽　黃文雄**

總 編 輯　**廖國禎**

法律顧問　**南國春秋法律事務所　林峰正律師**

出版日期　**2006 年 12 月初版一刷**

總 經 銷　**紅螞蟻圖書有限公司**
台北市內湖舊宗路二段 121 巷 28.32 號 4 樓
Tel: 02-27953656　Fax: 02-27954100

© Avanguard Publishing House 2006
Printed in Taiwan　ISBN 978-957-801-515-9

定　　價　**新台幣 290 元**